D1930973

Werner Zimmer

Darmstadt
ehemals, gestern und heute

Werner Zimmer

Darmstadt

ehemals, gestern und heute
Eine Stadt
im Wandel der letzten 60 Jahre
mit einer Einleitung
von Eckhart G. Franz

J. F. Steinkopf Verlag
Stuttgart

Abbildung Seite 2
Die Ludwigssäule,
eines der Darmstädter Wahrzeichen
Großherzog Ludwig I. war – dem Verständnis seiner Zeit entsprechend – einer der Landesherrn um 1800, der bewahrende Tradition und Wandel schaffenden Fortschritt maßvoll miteinander zu verbinden suchte. Er gab dem Volk eine erste Verfassung, früher als viele andere Fürsten; es dankte ihm mit diesem Denkmal. Von der Gesinnung her war er ein rechter Darmstädter Bürger.

Der Verfasser bedankt sich bei Eckhart G. Franz, Carl-Horst Hoferichter und Heinz-Joachim Jaensch für die eifrige Mithilfe bei der Entstehung dieses Buches.

CIP-Kurztitelaufnahme der Deutschen Bibliothek
Darmstadt ehemals, gestern und heute : e. Stadt im Wandel d. letzten Jahre / Werner Zimmer.
Mit e. Einl. von Eckhart G. Franz. – 1. Aufl. –
Stuttgart : Steinkopf, 1981.
ISBN 3-7984-0525-5
NE: Zimmer, Werner [Bearb.]

Auflage:	4	3	2	1
Jahr:	86	84	82	81

Reproduktionen: Erwin Fleischmann, Esslingen.
Satz und Druck: studiodruck, Nürtingen-Raidwangen.
Bindearbeiten: Franz Spiegel, Ulm.
Alle Rechte vorbehalten.
© J. F. Steinkopf Verlag GmbH, Stuttgart 1981.

Darmstadt vor der Jahrhundertwende, vom Stadtkirchturm aus nach Osten gesehen.

Stadt im Wandel

Die Kontinuität der deutschen Geschichte ist 1945 verlorengegangen und muß erst wieder langsam zurückgewonnen werden. Am sichtbarsten wird dies an den Städten, an ihrer Konturenlosigkeit, an einer Armut an individueller, an bürgerschaftlicher Kultur, an Stadtbürgertum. Wo manifestiert sich das Stadtbürgertum, also bürgerschaftliches Verhalten, mehr als in der Baukultur einer Stadt, in dem, was eine Bürgerschaft aus der sie umgebenden Stadtlandschaft macht? Auch die Stadt sollte, statt unwirtlich zu werden, ein Stück Landschaft bleiben, Landschaft, angereichert mit Historie.

Auch für Darmstadt gilt, was Heinz Schmitt am Anfang seines Buches über Karlsruhe schreibt. Haben doch beide Städte vieles gemeinsam: Darmstadt und Karlsruhe haben ihre Bedeutung als Landeshauptstädte eingebüßt, aber die als Hochschul- und Kulturstadt beibehalten. Beide haben als Ersatz für Regierungssitz und Garnison die Industrialisierung stark vorangetrieben.

Heinz Schmitt schreibt unter anderem: »Dieses Buch beschäftigt sich mit den Veränderungen des... Stadtbildes in den letzten Jahrzehnten. Sie haben ihre Ursache vorwiegend in den Zerstörungen des Zweiten Weltkriegs. ...Nicht alle Wandlungen des Stadtbildes sind durch Kriegseinwirkungen zustande gekommen. Vieles wurde aus Gründen der Verkehrsplanung oder wegen sonstiger veränderter Bedürfnisse umgestaltet. Kriegszerstörung und Wiederaufbau stellen aber eine bestimmte Phase der Stadtentwicklung dar, die sich von allen anderen durch ihre Dimension unterscheidet und dadurch, daß sie von keinerlei ökonomischen oder sozialen Notwendigkeiten hervorgerufen wurde, sondern unorganisch eintrat. ...Das heutige Stadtbild ist das Ergebnis ständigen Umbaus, der sich auch in Zukunft fortsetzen wird. Nun soll hier keinesfalls der Gleichgültigkeit gegenüber einer historisch gewachsenen Stadtstruktur das Wort geredet werden. Im Gegenteil: Die bauliche Eigenart unserer Städte, ihr unverwechselbares Escheinungsbild muß erhalten bleiben, ohne daß ihre Lebendigkeit, ihre zeitgemäße Nutzung darunter leidet... Das Verständnis hierfür ist in den letzten Jahren überall gewachsen.«

Die vorliegende Dokumentation über Vorkriegsstand, Ruinenbild und heutige Ansicht ermöglicht einen intensiven Vergleich der jeweiligen städtebaulichen Situation. Die zugehörigen Texte beschreiben vor allem die historische Entwicklung der Bauwerke, Straßen und Plätze; sie versuchen, Identität mit der Stadt zu vermitteln. Auch regt dieses Buch zum Vergleich mit Karlsruhe, ebenso zum Vergleichen mit strukturell ähnlich gelagerten Städten wie Kassel oder Koblenz an.

Werner Zimmer

Eckhart G. Franz
Darmstadt – Bild einer Stadt

Die Stadt, das historisch gewachsene Bild der Stadt als augenfälliges Dokument vielhundertjähriger Geschichte, begehbar anhand eines nur aus dieser Geschichte verständlichen Stadtplans, in dessen Straßen und Plätzen eine wechselvolle Vergangenheit ständig präsent war, faßbar für jeden, der ein wenig davon wußte oder wissen wollte – das mag so für das Darmstadt des Jahres 1944 noch gegolten haben: „Darmstadt so wie es war…“. Der fremde Besucher des Jahres 1981 tut sich schwer, wenn er aus den vom Bombenterror verschonten oder neu erstellten Versatzstücken einstiger Bausubstanz, aus Schloß, Rathaus und Kirche, Stadtmauerresten und Weißem Turm, den Park-Oasen des Barock und des Jugendstils, den Resten einer Renaissance-Straße und verloren wirkenden Säulenportalen des Klassizismus ein wirkliches Bild dieser Stadt gewinnen will.

Dennoch braucht man dieses Bild, wenn man das heutige Darmstadt verstehen will, eine Stadt, die mehr als manche andere mit und aus der Geschichte lebt. Der Feuersturm des 11. September 1944 hat das historisch-bauliche Bild, nicht aber die mit ihrer Geschichte gewachsene Stadt an sich zerstört. Vom „Geist einer Stadt“ sprach Darmstadts verstorbener Oberbürgermeister Heinz Winfried Sabais und verwies damit auf das weiterwirkende Traditions-Element, das letztlich wichtiger ist als das auch in vergangenen Epochen ständigem Wandel unterworfene Gehäuse. Und doch kann sich auch der Geist einer Stadt nur im konkreten Bezug, nicht im luftleeren Raum entwickeln und behaupten. So sei denn noch einmal versucht, das Bild dieser Stadt, so wie sie geworden ist, wie sie war und wie sie heute ist, aus Mosaikteilen, den sichtbaren und den verschütteten Spuren älterer und jüngerer Vergangenheit zu rekonstruieren.

Spuren im Boden, Gräber und Grabbeigaben belegen die Siedlungsgeschichten der Vorzeit. Militärstraßen der Römer kreuzten sich im Bereich der heutigen Stadt, erklären einzelne Funde und Hausfundamente. Dauerhafte Besiedlung begann mit den ins Römerland vorgestoßenen Alemannen. Ins 5. Jahrhundert deuten die Namen der heutigen Stadtteile Arheilgen und Bessungen, die man als Gründungen der alemannischen Edlen Araheil und Bezzo deutet. Schriftlich bezeugt ist vor dem Ende der Karolingerzeit nur das schon 782 in Lorscher Klosterurkunden genannte Eberstadt, fränkischer Stützpunkt am Rande des Bannforsts Dreieich wie „Darmundestat“, das sich erstmals in einer Handschrift des späten 11. Jahrhunderts findet. Vorort der Siedlungskette entlang des alten Verkehrswegs der Bergstraße war damals Bessungen, Kirch-

Darmstadt nach der Jahrhundertwende,
mit dem Großen Woog, vom Hochzeitsturm aus gesehen.

Schloß, Luisenplatz und Mollerstadt von Westen 1935

dorf und Sitz einer Verwaltungsgrafschaft, die vom Bistum Würzburg zu Lehen ging.
Ortsherren wurden spätestens im 13. Jahrhundert die an der unteren Lahn beheimateten Grafen von Katzenelnbogen, die als Gefolgsleute der Staufer-Kaiser schon 100 Jahre zuvor erste Besitzungen an der Bergstraße erworben hatten. Festpunkte ihrer zum halbwegs geschlossenen Territorium ausgebauten Obergrafschaft waren zunächst die Grenzburgen Lichtenberg und „Urberg“, das nachmalige Auerbacher Schloß, dann das 1274 mit Stadt- und Marktrecht begabte Zwingenberg. Mit der Bestätigung des Zwingenberger Stadtprivilegs erwirkte Graf Wilhelm der Ältere dann 1330 bei Kaiser Ludwig dem Bayern die Erlaubnis, auch die Burgsiedlung Darmstadt mit Mauer und Markt zur Stadt auszubauen. Das brauchte freilich Zeit, und noch 1355 zog die Hanauer Gräfin Else, frisch getraute Schwiegertochter des Stadtgründers, das solidere Zwingenberg dem noch unzulänglich eingerichteten Darmstadt vor. Aus der älteren Wasserburg wurde damals das gräfliche Residenzschloß, dessen Umrisse im sogenannten Kirchenhof der heutigen Schloßanlage erkennbar bleiben.
Schwerer nachzuvollziehen sind Lage und Gestalt der sich bildenden Stadt. Der älteste Dorfkern im östlich des Schlosses vermuteten Oberdorf wurde nach Süden und Westen erweitert. In der jüngeren Unterstadt lagen der für Wochen- und Jahrmärkte benötigte „Plan“ mit dem ältesten Rat- oder Spielhaus, die von der Bessunger Mutterpfarrei gelöste Stadtkirche und die Höfe der adligen Burgmannen. Die Reste des Frankensteiner Hofs sind erst 1944 den Bomben zum Opfer gefallen. Erhalten sind Reste des ersten, wohl noch im 14. Jahrhundert errichteten Mauerrings in den Anlagen hinter dem Justus-Liebig-Haus und gegenüber dem Verwaltungshochbau der Technischen Hochschule. Die mit dieser Mauer festgelegte Umgrenzung der Altstadt vom Weißen Turm über Bessunger Tor und Mühlturm im Süden bis zum Runden Turm im Osten ist mit den eng verschachtelten Dächern der unregelmäßig gewinkelten Straßen noch in den Stadtplänen und Luftaufnahmen der Vorkriegsjahre deutlich erkennbar. Gerade hier haben dann jedoch Brand- und Sprengbomben des Krieges ganze Arbeit geleistet. Die bastionsartige Bebauung der neugezogenen Holzstraße mag als späte Reminiszenz verstanden werden.
Die Katzenelnbogener Grafen haben nur zeitweilig in Darmstadt residiert. Der höfische Prunk der 1422 hier ge-

feierten Hochzeit des letzten Namensträgers mit Anna von Württemberg blieb Episode. Als der alte Graf Philipp 1479 auf seiner bevorzugten Residenz-Burg Rheinfels verstarb, fiel mit dem reichen Rheinzoll-Erbe auch Darmstadt an den Marburger Landgrafen Heinrich von Hessen und geriet damit vollends ins Abseits. Die Stadt mag zu diesem Zeitpunkt rund 1000 Einwohner gezählt haben. Es gab eine Stadtverfassung mit Schultheiß, Bürgermeister und Schöffen, gab ein städtisches Siegel, eine aus den Steuereinnahmen des auf Bier und Wein erhobenen Ungelds verstärkte Befestigung. Doch der Gesamtcharakter war sicher noch der einer weitgehend ackerbürgerlichen Landstadt, die sich wenig von den in ihrem alten Kern erhaltenen Katzenelnbogener Schwesterstädten Reinheim und Zwingenberg unterschied.

Die ehrgeizige Politik Landgraf Philipps des Großmütigen in der ersten Hälfte des 16. Jahrhunderts, der Übergang Hessens zur lutherischen Reformation verstärkten die strategisch-administrativen Funktionen des Außenpostens, in dem Oberamtmann und Superintendent die staatliche und kirchliche Macht repräsentierten. Gravierender wirkten die Negativfolgen der exponierten Lage, die Eroberung durch den abenteuernden Reichsritter Franz von Sickingen 1518, die Verwüstung durch die Kaiserlichen im Schmalkaldischen Krieg. Den entscheidenden Neubeginn brachte dann die Erhebung zur Haupt- und Residenzstadt der für Philipps jüngsten Sohn Georg neugeschaffenen Teil-Landgrafschaft Hessen-Darmstadt im Jahre 1567. Die landgräflich-großherzoglichen Nachfolger dieses ersten Georg, den die Geschichtsschreiber „den Frommen“ nannten, haben das Geschick von Stadt und Umland bis zur republikanischen Revolution des Jahres 1918 geprägt.

Der junge Landgraf Georg war nicht nur fromm, er war auch ausgesprochen tüchtig und hat das ihm zugefallene, an sich recht bescheidene Territorium zielstrebig ausgebaut, neu organisiert und wirtschaftlich entwickelt. Auch das Gesicht der neugebackenen Hauptstadt hat sich in den Jahrzehnten seiner Regentschaft nachhaltig verändert. Eigene Bauideen des an der italienischen Renaissance geschulten Fürsten bestimmten die Neuerrichtung des zerstörten Schloßbaus wie den Bau der Außen-Residenzen Lichtenberg und Kranichstein; die nördliche Wallpforte des Schlosses mit dem Landgrafenwappen, Paukergang und Silberbogen sind reizvolle Bau-Dokumente dieser Zeit. Wir kennen die landgräflichen Baumeister, Jakob Kesselhuth, Jakob Wustmann oder Konrad Lechner, der gleich zu Beginn der neuen Zeit das eine Generation später noch einmal erneuerte Renaissance-Rathaus an der Marktplatz-Südseite errichtete. Mit der Erweiterung

Schloß, Stadtkirche und Geschäftszentrum 1935

Schloß, Landesmuseum, Landestheater, Stadtkirche, alte Schulinsel und Altstadt 1935

des Markts, dem 1587 eingeleiteten Abriß der Häuserzeile zwischen Alt-Markt und Schloßgraben entstand die für diesen Zentralbereich der Stadt bis heute prägende Kontrapunkt-Spannung zwischen dem Rathaus mit der dahinter aufragenden Stadtkirche und dem gegenüberliegenden Kanzleibau des Schlosses, sinnfällige Darstellung des Mit- und Gegeneinanders von Bürgerstadt und Fürstenresidenz in Darmstadts Geschichte.

Für Hof- und Beamtenschaft reichten die um Markt und Schloßgraben neugebauten Häuser bald nicht mehr aus. Außerhalb des Mauerrings, der seinen Festungswert mit der Einführung neuzeitlicher Feuerwaffen ohnedies trotz der neuen Schloßbastionen einbüßen sollte, jenseits der an den Nordrand des Herrngartens verlegten Wirtschaftsgebäude des landgräflichen Bauhofs, wurde ab 1590 die Vorstadt errichtet, zwei Straßenzüge um den jetzt überbauten Ballonplatz an der Ecke von Alexander- und Magdalenenstraße, in denen sich ein Teil der einheitlich gestalteten Renaissance-Fassaden bis heute erhalten hat. Jäger- und Sporer-Tor bildeten mit der erst unter dem Nachfolger vollendeten Ummauerung dieser Vorstadt die neuen Ausgänge Darmstadts nach Osten und Norden. Prunkvollstes Zeugnis des Neubeginns, der mit dem Zuzug von Handwerkern und Hoflieferanten auch dem Wirtschaftsleben der Stadt zugute kam, ist das großartige Grab-Monument des ersten Landgrafenpaares über der neuangelegten Fürstengruft in der Stadtkirche.

Der Aufwärtstrend schien sich unter den Nachfolgern fortzusetzen, zumal die oberhessische Erbschaft des kinderlos verstorbenen Landgrafen Ludwig von Hessen-Marburg eine willkommene Vergrößerung des Landes versprach. Der Erbstreit mit den Kasseler Vettern ließ Hessen dann freilich zunächst zu einem der zentralen Kampfplätze des 30jährigen Völkerringens werden, das 1618 mit dem Griff des benachbarten Kurfürsten von der Pfalz nach der böhmischen Königskrone seinen Anfang nahm. Die Quellen für die Jahre am Vorabend des Krieges berichten dichter als zuvor vom lebendigen gewerblich-sozialen Leben in Darmstadt, den seit der Jahrhundertwende organisierten Kauf- und Handwerkszünften, dem Ausbau des Markthandels, den lebhaft frequentierten Schankwirtschaften. Wichtiger für das Renommee der Stadt wurde der Neubau des sogenannten Pädagogs, der neubegründeten Gelehrtenschule, die Jung-Landgraf Georg II. in Ausführung des väterlichen Testaments 1627 an der südlichen Stadtmauer errichten ließ. Der Pädagog-Turm setzte zugleich einen zusätzlichen Akzent in die inzwischen schon recht eindrucksvolle Stadt-Silhouette, die uns in den Zeichnungen Valentin Wagners von 1631, der Darstellung Wilhelm Dilichs vom Jahrhundertbeginn und den wenig jüngeren Stichen Matthäus Merians und seiner Nachahmer überliefert ist. 320 Bürgerhaushalte gab es 1631 in Darmstadt, das den ersten Einbruch des Krieges bereits überstanden hatte, mit den nicht in die Bürgerschaft aufgenommenen Beisassen, den über 200 Hof- und Regierungsbeamten nebst ihren Familien vermutlich 1800 bis 2000 Menschen.

Mit dem Einmarsch des Schweden-Heers unter König Gustav Adolf hat die Kriegsfurie in diesem Sommer 1631 endgültig auch das südliche Hessen erreicht. Zu den Lasten der Durchmärsche und Einquartierungen, Kontributionen und Plünderungen, vor denen auch der städtische Mauerring nur schwachen Schutz bot, kamen die von den Truppen eingeschleppten Seuchen, der „Schwarze Tod", der im Pestjahr 1635 in dem von Flüchtlingen aus dem verwüsteten Umland überfüllten Darmstadt über 2000 Tote forderte, mehr als die normale Bevölkerung der Stadt. Bei Kriegsende lebten noch knapp 200 Familien in Darmstadt. Nicht nur die zum Teil gezielt eingerissenen Mauern, auch viele Häuser waren zerstört oder verfallen, ein Großteil der Gemarkung verödet, Verkehr und Handel zerstört. Trotz alsbald eingeleiteter Aufbaumaßnahmen dauerte es mehrere Jahrzehnte, bis dieser Rückschlag einigermaßen aufgeholt, die frühere Einwohnerzahl wieder erreicht war.

Erst 1678, als Landgräfin Elisabeth Dorothea für ein Jahrzehnt die Regentschafts-Regierung für ihren noch minderjährigen Sohn übernahm, konnte der seit langem geplante Abschluß der Vorstadt-Anlage verwirklicht werden. Die neuen, recht großzügig konzipierten Häuser im vormaligen Birngarten, heute untere Alexanderstraße, verknüpften die nunmehrige „Alte Vorstadt" mit Schloß und Altstadtkern. Landgraf Ernst Ludwig, regierender Landgraf von 1688 bis 1739, ein rundes halbes Jahrhundert lang, entwickelte alsbald noch sehr viel weiter reichende Ausbaupläne. Westlich von Schloß und Altstadt, dem Rheintal zu, sollte eine als großzügiges Rechteck geplante „Neue Vorstadt" entstehen, über deren Besiedlung mit den Führern hugenottisch-waldensischer Emigrantengruppen verhandelt wurde. Aus der Hugenottenstadt mit Schiffahrtskanal zum Rhein ist nichts geworden. Erneute, mit Unterbrechungen abermals gut zwei Jahrzehnte umspannende Kriege verzögerten das mit der Grundsteinlegung zum Gasthof „Traube" 1695 angelaufene Bauprojekt, von dessen 270 Häusern zunächst nur die recht bescheidenen Reihenhauszeilen der oberen Rhein- und Luisenstraße verwirklicht wurden. Die charakteristische Form des späteren Luisenplatzes mit seinen eingezogenen Ecken wurde allerdings schon damals abgesteckt.

Der Vorstadt-Bau war nur ein Punkt im ehrgeizigen Programm des Barock-Landgrafen, der in dem aus Hannover geholten Architekten Louis Remy De la Fosse den kongenialen Partner fand. Der monumentale Torso des nach dem Abbrennen des Kanzleibaus entworfenen Neu-Schlosses, dessen Modell zur Jubiläumsausstellung des Jahres 1980 rekonstruiert wurde, das ebenfalls Fragment gebliebene Orangerie-Schlößchen in Bessungen, Prinz-Georgs-Schlößchen und Pretlack-Gartenhaus am Nordrand des Herrngartens sind noch heute reizvolle Wahrzeichen des Darmstädter Stadtbilds. Die Einstandsarbeit des französischen Baumeisters, der Umbau des Marstalls zum Hofoperntheater, ist als Kleines Haus des Landestheaters noch bis in die Jahre des Zweiten Weltkriegs bespielt worden. Die zerbombten Reste mußten dem Hochschul-Ausbau weichen. Andere Bauten der Zeit, das später zum Markt-Palais ausgebaute Haus des Forstmeisters von Ütterod wie das benachbarte Anwesen des einflußreichen Geheimrats Kameytsky mit seiner besonders reizvollen Gartenanlage, waren schon früher verschwunden, durch Geschäftshaus-Neubauten ersetzt worden.

Hessen-Darmstadt hat den allzu ausschweifenden Bau- und Lebensstil des jagd- und theaterbegeisterten Barock-Landgrafen mit langfristiger, kaum wieder aufholbarer Verschuldung bezahlt. Die Hauptstadt selbst hat aus dem an sich nur kurzlebigen Konjunkturschub gleichwohl bleibenden Gewinn gezogen, stieg doch die Einwohnerzahl von knapp 2000 auf rund 3000 in 20 Jahren, also um mehr als 50 Prozent. Selbst die zugewanderten Maurer und Zimmerleute blieben, obwohl das zunächst so mächtig angewachsene öffentliche Bauwesen nun auf lange Zeit stagnieren sollte. Endgültig saniert wurden die zerrütteten Landesfinanzen erst mit der Berufung des renommierten Staatsrechtlers Friedrich Karl von Moser zum alleinverantwortlichen Chef der Darmstädter Verwaltung im Jahre 1772. Moser ließ für die von ihm geleiteten Landesbehörden das eindrucksvolle Kollegiengebäude am Luisenplatz, für sich selbst das Gartenhaus im heutigen Prinz-Emils-Garten errichten. Für den Regen-

Hauptbahnhof und Waldkolonie 1920
Mollerstadt, Schloßgarten, Johannes- und Martinsviertel 1935

ten, Ludwig IX., der zumeist in seiner weitab gelegenen Garnison Pirmasens residierte, war der wichtigste Neubau dieser Zeit zweifellos das aufsehenerregende Exerzierhaus zwischen Schloß und Herrngarten, in dem ein ganzes Regiment unter Dach paradieren konnte.

Es wirkt kaum glaubhaft, daß die nach den ungemein gründlichen Statistiken der Moser-Jahre inzwischen auf über 9000 Menschen, mehr als 2000 Familien angewachsene Bevölkerung der Residenzstadt noch immer in den für sehr viel geringere Zahlen konzipierten Straßen und Gassen der im mittelalterlichen Mauerkranz eingezwängten Altstadt und der beiden rudimentären Vorstädte Platz fand. Der 1776 von Johann Jakob Hill gezeichnete Stadt-Prospekt zeigt deutlich, daß es damals erst einige wenige Häuser in den Feldern jenseits der Mauern im Südosten und Osten der Stadt gegeben hat. Genehmigungen zum Ausbau von draußen gelegenen Gartenhäusern oder Werkstätten wurden nur selten erteilt. Die Probleme starker baulicher Verdichtung im Altstadtkern werden jedoch in zahlreichen Streit-Entscheidungen des Stadtrats deutlich.

Das endgültige Aufsprengen der alten Stadt mit dem Übergang ins 19. Jahrhundert stand dann bereits im Zeichen einer neuen Zeit, die unter dem Einfluß des Ideenguts der Französischen Revolution auch die politisch-soziale Verfassung von Land und Stadt grundlegend ändern sollte. Das zeitliche Zusammentreffen der neuanlaufenden Neustadt-Planung mit ersten Ruhestörungen durch die von Mainz herüberstrahlenden Freiheitsideen zu Beginn der 1790er Jahre war eher Zufall. Die von Hofbaudirektor Johann Helfrich Müller erarbeiteten Pläne, die mit vorwiegend kleinteiliger Bebauung einer noch über den Hugenottenplan hinausgreifenden Weststadt vor allem die Wohnprobleme der sozial schwächeren Neubürgerschichten im Auge hatten, fanden beim hier ganz persönlich engagierten Landgrafen, Ludwig X., der später erster Großherzog von Hessen und bei Rhein werden sollte, keine Gegenliebe. Im Wechsel von Krieg und Frieden blieb für ein kontinuierlich verfolgtes Bauprogramm in den nächsten Jahren ohnedies wenig Raum. Mit der Fertigstellung des nach der Großherzogin benannten Luisenplatzes, dem Ausbau der Kavalleriekaserne zum Erbprinzen-Palais an der Südseite, dem später zum Ständehaus umgebauten Prinz-Christian-Palais und dem nachmaligen Alexander-Palais, mit dem Baubeginn in der unteren Rheinstraße und der ersten, nach den Bauunternehmern Graf benannten Querstraße samt Kranken- und Zuchthaus wurde jedoch schon im ersten Jahrzehnt des neuen Jahrhunderts ein Anfang gemacht.

Johannesviertel mit Johanneskirche und neuer Schulinsel 1935

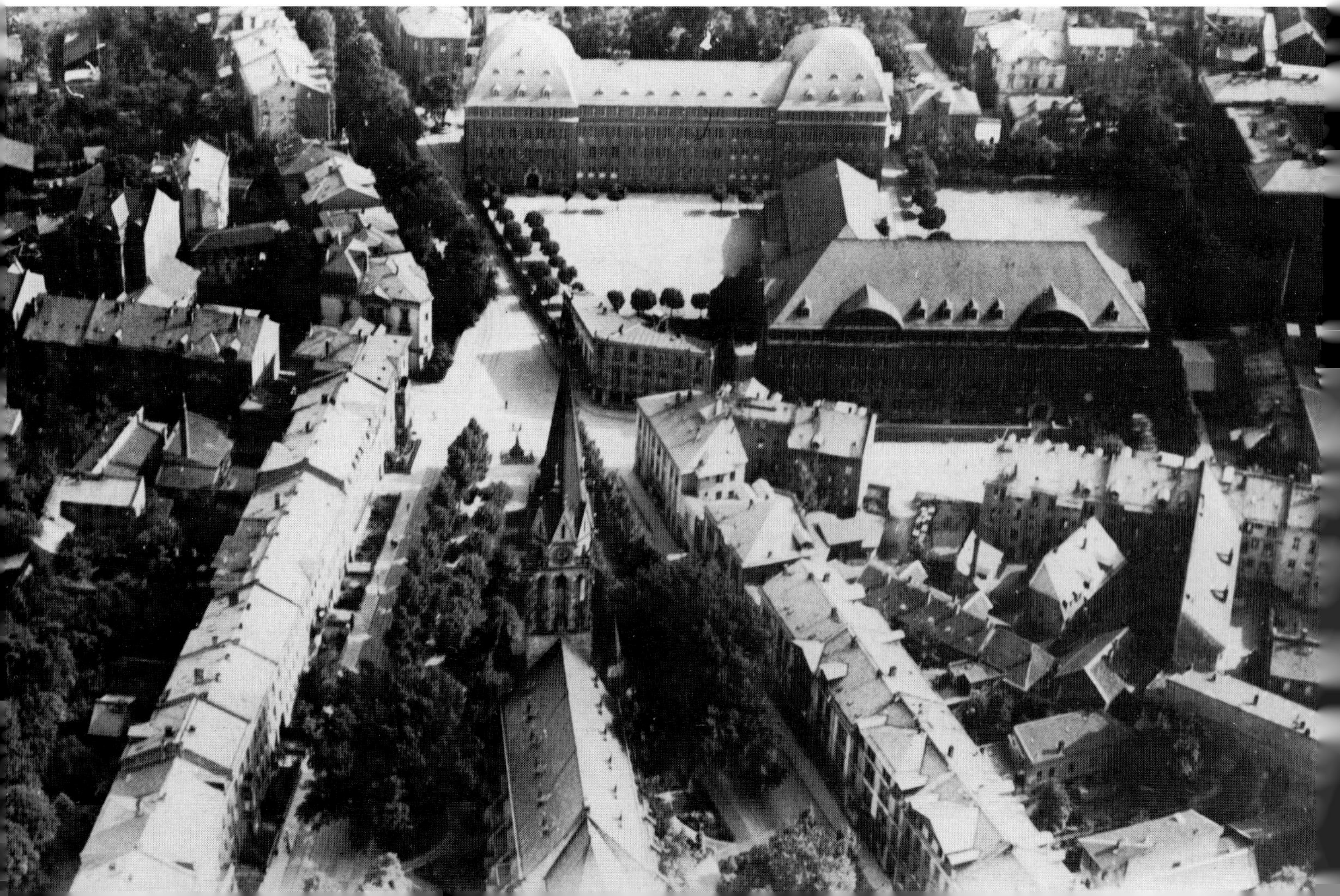

Martinsviertel mit Technischer Hochschule und Kleinem Haus des Landestheaters 1935

Der steile Anstieg der Stadtbevölkerung, die von knapp 10000 um die Jahrhundertwende binnen drei Jahrzehnten auf beinahe 25000 anschwoll, hatte vielfältige Ursachen. Die Erleichterung des Zuzugs durch eine liberalisierte Stadt- und Gemeindeordnung, der allmähliche Wegfall der Zunftschranken und die Umschichtungen im ländlichen Sozialgefüge durch die sogenannte Bauernbefreiung verstärkten die Auswirkungen einer allgemein spürbaren Bevölkerungszunahme. Bestimmend für die Neugestaltung Darmstadts wurde jedoch etwas anderes: die neugewonnene Bedeutung als Hauptstadt und Verwaltungssitz eines mit den Territorialreformen der napoleonischen Zeit in Gebietsumfang und Bevölkerungszahl beträchtlich gewachsenen Staatswesens, das mit dem 1806 erworbenen Großherzogtitel den Rang eines Königreichs nur knapp verfehlt hatte. Neue Verwaltungs- und Gerichtsbehörden, auch der mit der Verfassung von 1820 neu formierte Landtag zogen zusätzliche Beamte und Dienstleistungsbetriebe in die Stadt, verlangten nach repräsentativen Amts- und Wohnbauten. Der endgültige Stadtplan des 1810 aus Karlsruhe berufenen Hofbaudirektors Georg Moller machte die Neustadt zum großzügig-repräsentativen Entree der großherzoglichen Residenz, entsprach aber zugleich dem Komfort- und Repräsentationsbedürfnis einer neuen bürgerlichen Oberschicht, in der Beamtentum, Bildungs- und Besitzbürgertum miteinander verschmolzen.

Die Jahrzehnte Großherzog Ludewigs I. und seines Baumeisters Moller bildeten nach dem Renaissance-Auftakt des späten 16. Jahrhunderts und dem nur teilweise verwirklichten Barock-Traum des älteren Ernst Ludwig den dritten Entwicklungsschub in der Darmstädter Baugeschichte. Sehr viel nachhaltiger noch als seine Vorgänger haben Hof- und Oberbaudirektor Mollers klassizistischer

Stil und das bis heute nachwirkende „Moller-Maß" das Bild der Stadt geprägt. Freilich hat auch kein Architekt vor und nach ihm ähnliche Gestaltungs- und Einflußmöglichkeiten gehabt. Nicht nur die neuen Repräsentationsbauten, der Ausbau von Schloß und Regierungsgebäude, die nur bruchstückhaft erhaltenen Kasernen, die katholische Ludwigs-Kirche, die Freimaurerloge, das Kasinogebäude und die charakteristischen Torhäuser der neuen Stadt-Barriere wurden von Moller und seinen Mitarbeitern gebaut. Auch jeder private Fassaden-Entwurf in der Neustadt lief nach einer Verordnung vom Sommer 1813 über die Zeichentische des Mollerschen Baubüros. Es war seine Stadt, der er 1845 mit der Sandsteinsäule des Ludewig-Monuments ihr bis heute beherrschendes Wahrzeichen gab.

Im Stadtplan von 1850 dominiert das inzwischen weitgehend ausgefüllte Plan-Gebiet dieser „Moller-Stadt" zwischen dem Main-Tor am nördlichen Kanonenweg, der späteren Bismarckstraße, dem Grenzweg der heutigen Landgraf-Philipp-Anlage mit dem Rheintor im Westen und der vom südlichen Neckartor hochgezogenen Straße entlang des noch unbebauten Riedeselschen Gartens. Nördlich davon war vom Geschäftsviertel um den Ludwigsplatz aus mit Karlstraße und verlängerter Wilhelminenstraße bereits die bauliche Verknüpfung mit Bessungen angebahnt. Die Altstadtquartiere, in denen noch immer ein Großteil der Darmstädter lebte, traten im Stadtbild des Kartographen ebenso zurück wie die außerhalb der Interessensphäre der Stadtplaner mit beachtlichem Tempo verdichtete Besiedlung im Pankratius- oder Bangertsviertel nordöstlich der Alten Vorstadt und im Südosten der Altstadt. Das Bessunger Tor war schon 1802, das östliche Jägertor als letzter der alten Stadtzugänge 1824 der Spitzhacke zum Opfer gefallen.

Bei den Zeitgenossen hat es im übrigen nicht an Kritik am zukunftsweisenden, anfangs aber noch reichlich anspruchsvoll wirkenden Stadtkonzept Mollers gefehlt. Von den allzu „stattlichen Häusern, die aus den Knochen des Volks gebaut sind" sprach schon Georg Büchners „Hessischer Landbote" vom Sommer 1834. Wozu man „mitten im öden Sandfeld" aus den sauer verdienten Steuergroschen des Landes eine Hauptstadt mit so „kolossalen Gebäuden, schönen Häusern und Palästen, kunstvollen Anlagen und Gärten, akkuraten Plätzen und fein bepflasterten Straßen" gebaut habe, wo es doch weit und breit weder Handelsstraße noch Fluß, keinen Verkehr und keine Fabriken gebe, fragte ein Gießener Journalist des Revolutionsjahres 1848. Auch der Mainzer „Demokrat" brachte die fast schon zum Topos gewordenen Sprüche von der „bleiernen Langeweile" der Residenz mit „ihren gähnenden Straßen, schläfrigen Häusern und öden Plätzen", in denen die „Pflastersteine unter dem Rasen schlafen". Der zwei Jahre zuvor eingeweihte Main-Neckar-Bahnhof, der sporadische Zugverkehr auf der parallel zum Mollerschen Grenzweg geführten Eisenbahnstrecke Heidelberg-Frankfurt ließen sich noch mühelos in diesen Spott einbeziehen. Auch Moller selbst konnte nicht ahnen, daß er mit seinen großzügigen Repräsentationsstraßen die Verkehrs-Achsen der Zukunft vorwegnahm.

Schon die Darmstädter Stadtführer von 1836/40 nennen – entgegen der sicher böswilligen Kritik der 48er – eine ganze Reihe kleinerer Fabrikbetriebe, eine Tapetenfabrik mit 70 Arbeitern, Hemden-, Hut- und Korsettfabriken, und 1842 lief für die Mercksche Chemikalienproduktion die erste gewerblich genutzte Dampfmaschine. Der eigentliche „Take-off" ins Industriezeitalter fiel jedoch in die politisch ruhige Periode nach der gescheiterten Märzrevolution. Mit den Fabrikgründungen dieser Jahre, die sich zunächst in den Wohn- und Geschäftsvierteln, in den ursprünglich grün gehaltenen Innenräumen der Moller-Bebauung, später im günstig zur Bahn gelegenen nordwestlichen Vorfeld ansiedelten, sprang die Bevölkerung von 1860 bis 1880 noch einmal um runde 50 Prozent, um kurz darauf die 50000er Grenze zu überschreiten. Den Fabriken folgte der Wohnungsbau für die Arbeitskräfte in der ungeregelt gewachsenen Pankratius-Vorstadt, die mit dem Bau der Martinskirche 1884/85 zum Martinsviertel wurde, und im nordwestlichen Baubereich der von Maschinenfabrikant Blumenthal betriebenen Erschließungsgesellschaft; bis zur Jahrhundertwende war hier der als vorläufige Stadtgrenze wirkende Ring der in den 70er Jahren gebauten Odenwaldbahn erreicht. Drittes Ausbaugebiet wurde die Bessunger Gemarkung am südlichen Stadtrand. Mit der Eingemeindung des längst zur Stadt gerechneten Nachbarorts 1888 stieß die Bebauung entlang der kurz zuvor eröffneten Dampfstraßenbahn auf der Rheinstraße zügig am alten dörflichen Ortskern vorbei nach Süden vor.

Von architektonisch-planerischer Gestaltung im Stile Mollers konnte im vielfach spekulativ-überhasteten Bau-Boom dieser Jahre keine Rede mehr sein. Es steht noch viel von den teils schlicht zweckmäßig, teils mit Gotik-, Renaissance- und Barock-Motiven dekorierten Wohnstraßen der Gründerjahre, die vom Spiel des Schicksals, den Strategen des Bombenteppichs von 1944 gnädiger behandelt wurden als die großenteils ausradierte Moller-Stadt. Eine von Beton und Glas übersättigte Gegenwart findet in den neuerdings oft farbenfreudig akzentuierten Fassaden-Ornamenten ihre nostalgischen Reize. Auch die erhaltenen Repräsentationsbauten dieser Jahre, Jo-

Riedeselsberg mit St. Ludwig, Neuem Palais und Saalbau 1935
Südstadt von Bessungen aus mit Prinz-Emils-Garten, Mornewegschule und St. Ludwig 1935

Hochzeitsturm, Ausstellungsgebäude und Russische Kapelle auf der Mathildenhöhe 1935

hannes-, Elisabeth- und Stiftskirche, der „Justiz-Palast" am Mathildenplatz, der noch in der Verunstaltung eindrucksvolle Bau der Bank für Handel und Industrie, die 1896 fertiggestellten Gebäude der nach schwierigen Anfängen rasch wachsenden TH oder die backsteingotische Viktoria-Schule gewinnen mit bereits vollzogener oder angestrebter Restaurierung neuen Anklang. Anderes fiel auch hier den Bomben zum Opfer, das von Queen Victoria 1864/66 für ihre Darmstädter Tochter Alice finanzierte Neue Palais wie der vielbesuchte Städtische Saalbau, die an den Luisenplatz geklotzte Hauptpost, der erweiterte Doppelbahnhof und die benachbarte Kunsthalle am Rheintor. Abseits vom Stadtkern vollzog sich der Ausbau des ausgedehnten Kasernen-Areals um die Holzhof-Allee, das nur bei gelegentlichen Paraden ins Blickfeld der Allgemeinheit rückte. Einen letzten, bereits genehmigten „Prachtbau" im nach Kaiser Wilhelm benannten Gründerstil verhinderte eine der ersten Regierungsmaßnahmen des jungen Großherzogs Ernst Ludwig, der den preisgekrönten Entwurf für das am Platz des väterlichen Exerzierhauses geplante Museum 1892 als „Verschandelung der Stadt" kassieren ließ.

Noch vor Vollendung des nun von dem gebürtigen Darmstädter Alfred Messel geplanten Museum-Neubaus, der sich glücklich in die Bezüge zu Schloß, Moller-Theater und Herrngarten einfügt, wurden die Gründung der Künstlerkolonie auf der Mathildenhöhe und ihre 1901 eröffnete Jugendstil-Ausstellung „Ein Dokument deutscher Kunst" zu weit über Darmstadt hinaus wirkenden Signalen baulich-künstlerischer Erneuerung. Von den Künstlern der Kolonie haben nur wenige über deren unmittelbaren Umkreis hinaus ins Darmstädter Baugeschehen eingegriffen: Joseph Maria Olbrich, der eigentliche Gestalter der Mathildenhöhe, mit seinen Brunnenschalen auf dem Luisenplatz und der Erstplanung für die Gartenstadt „Hohler Weg", Ludwig Habich mit Alicen- und Bismarck-Denkmal. Formensprache und Stilwillen der Mathildenhöhe wirkten jedoch mittelbar weiter, selbst bei Architekten, die den neuen Stil abzulehnen meinten. Neue Ansätze und Formelemente finden sich bei den

Orangeriegarten und Paulusplatz 1935

Seite 18 und 19 oben: Firma Merck 1935 und 1981
unten: Industrieviertel Darmstadt Nordwest 1935 und 1981

Stadtmauer hinterm Schloß 1945 und 1981

baufreudigen TH-Architekten Friedrich Pützer und Georg Wickop, bei dem vom Großherzog zum Leiter des hessischen Staatsbauwesens berufenen Karl Hofmann, ja sogar bei dem so jugendstil-feindlichen Stadtbaumeister August Buxbaum.

Gelegenheiten zum Bauen, zur gestalterischen Umsetzung neuer Bauideen in zum Teil neuartigen Aufgabenbereichen gab es in den Folgejahren in Hülle und Fülle. Auf eine Atempause in den 1880er Jahren war eine zweite Phase stürmischen industriellen Wachstums gefolgt, mit der die Einwohnerschaft des jetzt verbundenen Darmstadt-Bessungen von 1890 bis 1910 in einem letzten großen Sprung von 56500 auf 87000 anstieg. Der Bevölkerungszuwachs verlangte nach verstärkter Infrastruktur, größeren Behörden, neuen Schulen und verbesserten Versorgungsunternehmen. Pützer entwarf die Neubauten der aus dem Stadtzentrum verlagerten Merckschen Fabrik an der Frankfurter Straße, den Amtsgerichts-Neubau am Mathildenplatz und die Pauluskirche im neuerschlossenen Südost-Wohngebiet, Wickop die Neue Synagoge in

Niebergallbrunnnen, Hinkelsturm und Stadtmauer 1945

der Bleichstraße, die Maschinenhalle der TH und gemeinsam mit K. Klee den Kaufhausbau der Firma Rothschild am Markt. Paul Meissner, ebenfalls TH-Professor, baute die heute von der Kirchenleitung genutzte Landeshypothekenbank am Paulusplatz, August Buxbaum das Merck-Bad, den neuen Schulkomplex Eleonoren/Liebig-Schule und den Waldfriedhof, um nur die wichtigsten, zumeist noch erhaltenen Bauten zu nennen. Stilkunst-Elemente finden sich auch an manchen der in diesen Jahren errichteten Wohnblocks im Rhönring-Viertel wie in den Villen und Mehrfamilienhäusern der gartenstadtmäßig aufgelockerten Quartiere im Osten und Südosten, die zu bevorzugten Wohngebieten der Stadt werden sollten.

Krönender Abschluß einer von den Oberbürgermeistern Adolf Morneweg und Wilhelm Glässing jetzt wieder planmäßig gesteuerten Ausbauphase sollte die Neuordnung des städtischen Verkehrssystem mit der Elektrifizierung des Straßenbahnnetzes, der Verlegung der zum hemmenden Schnürgürtel gewordenen Eisenbahntrassen und dem zugehörigen Neubau des von Pützer geplanten Hauptbahnhofs werden, der 1912 feierlich in Betrieb genommen wurde. In der kurz darauf erschienenen „Städte-Monographie" Darmstadt ist von der „veränderten Gesinnung", der in Neubauten und Neu-Stadtteilen der letzten Jahre wiedergewonnenen „Baukultur" die Rede, die Darmstadt binnen eines Jahrzehnts zu einer „sehr veränderten Stadt" gemacht habe. Vom „Aufstieg", der sich „leuchtend von der Vergangenheit", vom „Verfall der Baukunst" in der Gründerzeit abhebe, vom „außergewöhnlich großen Besitz guter Architektur der Gegenwart", mit dem die vom Großherzog geförderte „künstlerische Ausgestaltung der Residenz... das Stadtbild in einzigartiger Weise bereichert" habe, sprach eine begeisterte Eloge des sonst vor allem wirtschaftlich engagierten Stadtoberhaupts Glässing in der Festschrift zum 25. Regierungsjubiläum Ernst Ludwigs, der sich schon ein Jahr später durch die den Darmstädtern eher aufgezwungene Revolution verabschiedet sah.

Darmstadt hatte in den anderthalb Jahrzehnten vor dem Beginn des Ersten Weltkriegs tatsächlich noch einmal ein neues, ansprechendes Gesicht gewonnen, das dem mit der Ausstellung des Jahres 1901 angemeldeten Programm-Anspruch Rechnung trug. Krieg und Revolution bewirkten einschneidende Änderungen, auch wenn sich die republikanische Regierung des nunmehrigen Volksstaats Hessen zur Fortführung der unter den Auspizien der Monarchie begründeten künstlerisch-kulturellen Tradition bekannte. Der Wegfall von Hof und Garnison

Darmstadt vom Stadtkirchturm 1981: mit Johanneskirche

brachte wirtschaftliche Einbußen; jahrelange französische Besatzung vor den Toren der Stadt erschwerte den ohnedies schwierigen Neubeginn, der binnen kurzem in die Krise der Inflation führen sollte. Auf das wirtschaftliche Zwischenhoch der „Goldenen Zwanziger“ folgte dann allzu bald das Tief der Weltwirtschaftskrise. Die hessische Landesregierung der sogenannten Weimarer Koalition aus SPD, Zentrum und Demokraten, die sich in allen Wahlen behaupten konnte, amtierte schon seit 1931 als nur geschäftsführendes Minderheits-Kabinett, bis im März 1933 die in Stadt und Land schon früher als im Reich zur stärksten Partei gewordenen Nationalsozialisten die Macht übernahmen.

Dem baulichen Bild der Hauptstadt haben die anderthalb Jahrzehnte des Volksstaats nur wenig hinzugefügt, obwohl für den Wohnungsbau in den 20er Jahren beträchtliche Zuwachszahlen gemeldet wurden. Wohnblocks und Siedlungshäuser entstanden in der schon vor dem Krieg begonnenen Waldkolonie und in der neuen Heimstättensiedlung, im Bereich der aufgelassenen Bahntrassen und am Ostbahnhof, Einzelhäuser im Steinbergviertel und in der neuen Villenkolonie nach Eberstadt zu. Es gab Industrie-Neubauten wie den 1923 begonnenen Verwaltungsbau der Goebelschen Maschinenfabrik und den Miele-Bau, der die Baulücke gegenüber dem Hauptbahnhof schloß. Zu den erhaltenen Neubauten dieser Jahre zählen der 1928/29 errichtete Hauptbau des Elisabethen-Stifts und das Hochschulstadion am Böllenfalltor, während die Glas-Stahl-Konstruktion der von Buxbaum entworfenen Festhalle auf dem „Exert“, 1927 gerade rechtzeitig für die „Großkundgebungen“ der Folgejahre fertiggestellt, in der Anflugschneise der Bomber des Jahres 1944 lag.

Auch das sonst so baufreudige „Dritte Reich“ hat in Darmstadt auf dem Bausektor nicht allzuviel bewirkt. Da der Gauleiter und Reichsstatthalter vorwiegend in Frankfurt residierte, war für repräsentative Parteibauten kein

mit Schloß, Landesmuseum, Landestheater und Elisabethenkirche

Bedarf. Das Anfang Oktober 1937 eingeweihte „Jakob-Sprenger-Haus" der NSV war der neu aufgeputzte Ex-Bahnhof der Main-Weser-Bahn; Mollers einst so glanzvolles Kasino wurde „Haus des Luftschutzes", und die Gestapo nahm ihren Sitz im Neuen Palais, das nach dem Tod des Großherzogs der Staats- und Stadtverwaltung zufiel. Wohn- und Siedlungsbau der Weimarer Jahre wurden weitergeführt, zum Teil durch neue Projekte ergänzt. Noch 1938/39 entstand der Wohnhof am Bessunger Orangerie-Eck, der letzte größere Bau des einstigen Künstlerkolonie-Architekten Albin Müller, der mit der Mathildenhöh-Ausstellung von 1914 auch die damals gezeigten Wohnblocks am Lukasweg gestaltet hatte. „Daß wir bauen, verdanken wir dem Führer", proklamierte ein 1938 gezeigtes Transparent der Darmstädter Bauarbeiter, meinte damit aber weniger den Wohnungsbau oder die neuerrichteten TH-Institute am Herrngarten als die mit der Wiederaufrüstung aus dem Boden gestampften Kasernenkomplexe außerhalb der Stadt, im Griesheimer Wald und an der Ludwigshöhe im Süden.

Wenige Wochen vor den offiziellen Feiern zur Erneuerung der Darmstädter Garnison, die wie „Aufbau und Verstärkung der Wehrmacht" insgesamt „zur allgemeinen Befriedung der Welt" beitragen sollte, brannten wie andernorts auch in Darmstadt die Synagogen. Das „schöne Darmstadt", das der im ersten Kriegswinter 1939/40 gedrehte Kulturfilm „Die Stadt im Walde" propagierte, sollte das Fanal des Synagogenbrands nur wenige Jahre überleben. Schon im folgenden Sommer fielen die ersten Bomben. Der erste gezielte Angriff der Royal Air Force im Herbst 1943 verursachte nach der alliierten Luftkriegsstatistik mit 162 zerstörten und 210 schwer beschädigten Häusern nur „minor damage", zerstörte aber bereits große Teile der verwinkelten Darmstädter Altstadt. Die endgültige Katastrophe, das Ende für „Darmstadt so wie es war", brachte der Großangriff von über 200 Lan-

Darmstadt vom Stadtkirchturm 1981: mit Hochzeitsturm und Mathildenhöhe

caster-Bombern in der Nacht des 11. September 1944, ein Angriff, der weniger Darmstadts zweitrangiger Rüstungsindustrie oder der beargwöhnten V-Waffen-Forschung in der Hochschule galt als der Erprobung eines neuentwickelten Flächen-Bombardements für dichtbesiedelte Wohngebiete. Die nüchternen Erfolgsberichte des militärisch-minuziös geplanten Unternehmens stehen in schrecklichem Kontrast zu dem Bild des Grauens, das Klaus Schmidt in seiner Zeugen-Dokumentation über die „Brandnacht" zusammengestellt hat. Über 12000 Darmstädter starben in jener Nacht. Die endgültige Bilanz wurde erst später gezogen, nach dem 25. März 1945, als die amerikanischen Panzer die unverteidigten Trümmer der toten Stadt in Besitz genommen hatten.

Die dem neueingesetzten Stadtregiment unter Oberbürgermeister Ludwig Metzger gestellte Aufgabe schien fast hoffnungslos. 78 Prozent der Innenstadt waren vernichtet, 52 Prozent der Gesamtstadt, wenn man die 1938 eingemeindeten Vororte Arheilgen und Eberstadt mit einbezog. Von rund 35000 Wohneinheiten waren über 16000 völlig oder weitgehend zerstört. 6000 weitere unterschiedlich stark beschädigt. Nur etwa 500 Häuser der inneren Stadt standen unversehrt. Knapp 55000 Menschen, weniger als die Hälfte der Vorkriegsbevölkerung, lebten bei Kriegsende in den geringer betroffenen Randzonen der Stadt oder in provisorisch hergestellten Notquartieren. Die Dokumentar-Serien der Trümmerbilder sprechen für sich. Nach der Sicherung des reinen Überlebens, den ersten rudimentären Versorgungsmaßnahmen, ging es ans Aufräumen der Trümmerwüste. Freiwillige Räumarbeit und angeordnete Pflichteinsätze legten zunächst die verschütteten Straßen frei. Über 3 Millionen Kubikmeter Trümmerschutt rollten auf 16 Kilometern Kleinbahn-Schienen auf den Exerzierplatz und bildeten dort einen erst 1952/53 wieder eingeebneten Trümmerberg.

Zusätzliche Belastung für den Neubeginn war der endgül-

mit Pauluskirche und Ludwigshöhe

tige Verlust der Hauptstadt-Funktion, als Wiesbaden Sitz der neuen hessischen Landesregierung wurde, zusätzliches Problem die Unterbringung der Flüchtlinge, die ab Februar 1946 mit den heimkehrenden Darmstädtern in der zerstörten Stadt Obdach suchten. Erste Sitze der amerikanisch-deutschen Verwaltung waren Eleonoren- und Diesterweg-Schule in der heutigen Julius-Reiber-Straße, das ebenfalls stehengebliebene Bahnhofs-Hotel, der rückwärtige Teil des Kollegienhauses. Im Herbst begann der Schulunterricht, obwohl 16 von ursprünglich 28 Schulen zerstört waren. Improvisiert nahmen zum Jahresende auch die TH und das in die Orangerie verlagerte Theater ihre Arbeit auf. Es gab wieder 458 Geschäfte, davon 247 im Innenstadtbereich.

Schon im Winter 1945/46 wurden die ersten Aufbaupläne des TH-Stadtplaners Prof. Karl Gruber vorgestellt: Neuaufbau der zertrümmerten Altstadt als Handwerkerviertel, Verstärkung der Zentralfunktion des Marktplatzes durch ein neues Stadthaus neben dem wiederherzustellenden Rathaus, Verlängerung der Mollerschen Ost-West-Achse durch eine begradigte Landgraf-Georg-Straße zum Ostbahnhof, Straßenverbreiterung durch vorgelegte Arkadenzonen, funktionsgerechte Verkehrsplanung bei weitgehender Schonung des überkommenen Stadtplans waren Grundelemente der Gruberschen Konzeption, die zumindest teilweise in den endgültigen Wiederaufbauplan übernommen wurde. Noch war es dafür zu früh. Endgültiger Baumeister des neuen Darmstadt sollte Prof. Peter Grund werden, der im Sommer 1947 zum Oberbaudirektor berufen wurde.

Wichtig für die Gewinnung einer neuen wirtschaftlichen Grundlage wurde die 1947/48 begründete Wiederaufbau-GmbH, die in der Verknüpfung privater und öffentlicher Initiativen im Exerzierplatz- und Kasernen-Gelände zwischen alter und neuer Eisenbahntrasse und bald noch darüber hinausgreifend ein neues, zukunftsträchtiges In-

Darmstadt vom Stadtkirchturm 1981: Justus-Liebig-Haus, Stadtmauer am Hinkelsturm und Zentralbad

dustrieviertel schuf. Die bereits 1948 in Kasernenruinen angesiedelte Schuhfabrik Hess, Verlage, Druckereien, Nahrungsmittel- und Kosmetikbetriebe formierten Darmstadts rauchlose Industrie, die zum Mit-Träger des Neuaufbaus wurde. Der im Sommer 1948 entschiedene Zuzug von Post- und Fernmeldetechnischem Zentralamt schuf willkommenen Ersatz für die verlorenen Landeszentralbehörden.

Die kurz zuvor verkündete Währungsreform gab den endgültigen Startschuß zum Anlauf des Wiederaufbauprogramms, dessen Bauleitpläne im folgenden Jahr genehmigt wurden. Eine „Aktion Selbsthilfe" begann den Aufbau von 200 Wohnungen. Die „Trümmermühle" auf dem „Exert" schuf aus Bauschutt neues Baumaterial. Schon 1950 standen die ersten Neubausiedlungen, waren die neuen Straßenfluchten markiert. Die anlaufende Konjunktur der Folgejahre ließ die dichte Folge der Richt- und Einweihungsfeste zu einem regelrechten „Bau-Rausch" werden. Zerstörte Altbauten erstanden neu, das Merck-Bad, die Martinskirche, das noch 1951 unter Dach gebrachte Kollegiengebäude oder das für die Akademie für Sprache und Dichtung wiederhergestellte Ernst-Ludwig-Haus auf der Mathildenhöhe. Das erneuerte Glockenspiel im Schloß wurde im Triumphzug eingeholt. Neugebaute Straßenzüge suchten die alten Proportionen zu wahren. Rechtzeitig zum 1. Heiner-Fest im

Sommer 1951 war die 100000er Grenze zur Großstadt wieder überschritten.
Nicht alles, was in diesen ersten Jahren unter dem Druck zur raschen Schaffung und Wiederherstellung der notwendigen Kapazitäten an Wohn- und Arbeitsraum gebaut wurde, war meisterlich. Das zweite der sogenannten „Darmstädter Gespräche", das sich im August 1951 auf der Mathildenhöhe mit „Mensch und Raum" befaßte, suchte nicht nur in der Teilausstellung „Baukunst 1901–1951" den Rückbezug zum künstlerischen Anspruch der Darmstädter Tradition. Kern der Ausstellung waren elf im Auftrag der Stadt konzipierte „Meisterbauten", Planungsaufgaben aus verschiedenen Baubereichen, die von namhaften Architekten gestaltet und diskutiert wurden. Einige davon, Peter Grunds T-förmiges Stadthaus für den Palais-Garten-Bereich des heutigen Karstadt-Kaufhauses, Hans Scharouns Volksschule, Paul Bonatz' Tonhalle blieben auf dem Papier. Andere wurden nur verändert realisiert, Max Tauts Ludwig-Georgs-Gymnasium, Otto Bartnings Frauenklinik, am werkgetreuesten wohl Ernst Neuferts „Ledigenheim" an der Pützerstraße und Hans Schwipperts Georg-Büchner-Schule am Böllenfalltor.
Als Darmstadts zweiter Nachkriegs-Oberbürgermeister Ludwig Engel am 10. Gedenktag des vernichtenden Angriffs die Ruine der einstigen Stadtkapelle zum Mahnmal

der Toten erklärte, verband sich mit dem trauernden Rückblick der Stolz auf das Neue. Inzwischen war auch die schon 1946 geplante Ost-West-Achse für den Verkehr freigegeben. 1958 stellte die Trümmerverwertung ihre Arbeit ein, und mit dem 10jährigen Jubiläum der Wiederaufbau-GmbH galt die erste Aufbauphase als abgeschlossen. Man plante jetzt über das seitherige Stadtgebiet hinaus, konzipierte das künftige Hochschulzentrum auf dem alten Flugplatz, entwarf neue Wohngebiete auf der Rosenhöhe, an den Rändern der Vororte Eberstadt und Arheilgen und im Gelände des Hofguts Kranichstein. Mit dem im Frühjahr 1964 eingeweihten Kultur- und Veranstaltungszentrum des Justus-Liebig-Hauses war die einstige Altstadt endgültig in den historischen Stadtplänen verschwunden. Die Bevölkerung hatte mit 139000 ihren höchsten Punkt erreicht. Die Presse sprach vom „Ende der Nachkriegszeit".

Zu den großen Bauaufgaben der Folgejahre gehörten die erst 1968 abgeschlossene Rekonstruktion des Altschlosses und der moderne Neubau des Staatstheaters, während der klassizistische Moller-Bau bis heute Ruine blieb. In den 70er Jahren wuchsen Neu-Kranichstein und die Hochschulbauten auf der Lichtwiese. Karstadt-Neubau und Luisen-Center, Wilhelminenstraßen-Tunnel und Weiterführung des City-Rings in der neubebauten Holzstraße gaben der weitgehend zur Fußgängerzone gewordenen Innenstadt ihre vorerst endgültige Form. Die Einweihung des neugestalteten Luisenplatzes zur 650-Jahrfeier der Stadt im Sommer 1980 markierte die offizielle Vollendung des Wiederaufbaus.

Es gibt sicher Kritik, auch berechtigte Kritik an dem, was in diesen Jahren des Aufbaus geschaffen wurde. Erneuertes Geschichtsbewußtsein sähe manches gern erhalten, was im ersten Eifer dem Abriß überantwortet wurde. Dennoch ist das Nebeneinander von Alt und Neu in nicht wenigen Fällen durchaus glücklich gelöst. Es gab kein Zurück zu den Zeiten Georg Mollers oder Ernst Ludwigs. Doch auch das neue Darmstadt hat seinen eigenen Charakter, hat ihn bewahrt und in der Neugestaltung neu gewonnen. „In Darmstadt zu leben kann eine Herausforderung sein, es kann Spaß machen, es kann beides zusammen sein, und das ist viel", schließt „Darmstadts Geschichte" im Jubiläumsjahr 1980.

Prof. Dr. Eckhart G. Franz
Ltd. Archivdirektor

Darmstadt von Südwesten und Nordosten 1950 und 1981 (unten links)

Hauptbahnhof

Als die Reisenden noch mit der Eisenbahn in einer Stadt ankamen, waren die Bahnhöfe die Aushängeschilder dafür, ob ein Gemeinwesen etwas auf sich hielt. Oft blieben sie langweilig oder protzig uniform. In Darmstadt hat die Reichsbahn mit Unterstützung von Großherzog Ernst Ludwig in den Jahren 1908 bis 1912 eine der großzügigsten und schönsten Bahnhofsanlagen durch den an der Darmstädter Technischen Hochschule tätigen Professor Friedrich Pützer und den Mainzer Baurat Friedrich Mettegang gestalten lassen.
Besonders sehenswert ist der Ehrenhof im Süden des Bahnhofsgebäudes mit einem Säulenbrunnen zwischen alten Kastanienbäumen und dem kürzlich wiederhergestellten Fürstensaal. Im gleichen Stil schließen im Süden das Bahnbetriebsamt und im Norden das Bahnpostamt, die heutige Hauptpost, und das ehemalige Bahnhofshotel an.
Der Bahnhofsplatz selbst, heute Platz der Deutschen Einheit, ist zu einer geräumigen Grünfläche geweitet.

Die alten Bahnhöfe am Steubenplatz

Darmstadt war eine der am frühesten an ein Bahnnetz angeschlossenen Städte. Bereits 1843 bis 1846 wurde mit der Main-Neckar-Bahn, die Frankfurt und Heidelberg verband, der zugehörige Bahnhof im romanisierenden Stil erbaut. 1852 verband man diese Strecke mit der Main-Weser-Bahn. In den Jahren nach 1869 wurde sowohl der Main-Neckar-Bahnhof aufgestockt als auch der Ludwigsbahnhof für die Linien nach Aschaffenburg und Mainz von dem Mainzer Architekten Philipp Berdellé errichtet. Nach Schließung des Bahnbetriebes im Jahre 1912 dienten beide Bahnhöfe den verschiedensten Landes- und Stadtbehörden als Amtssitz. Zuletzt hatten sich im Main-Neckar-Bahnhof, der nach dem amtierenden Gauleiter von Hessen-Nassau in Jakob-Sprenger-Haus umbenannt worden war, Gliederungen der nationalsozialistischen Partei eingerichtet. Heute steht das als Gebäude nüchtern wirkende Hauptzollamt an Stelle des Main-Neckar-Bahnhofs; der Platz des Ludwigsbahnhofs klafft als mit Autos zugestellte Lücke am Steubenplatz.

Kunsthalle am Rheintor

Wo einst die Darmstädter Neustadt, die sogenannte Mollerstadt, so nach ihrem Erbauer genannt, endete, befand sich das von Baudirektor Georg Moller 1816 gebaute Rheintor, eine Kontrollstelle für Passanten und Geschäftsverkehr. In den Jahren 1889/90 gestaltete es der Architekt Hermann Müller für die Zwecke des Kunstvereins neu; nur der Portikus von Mollers Tor- und Wachhaus blieb erhalten. Im Zweiten Weltkrieg wurde das Gebäude wie die gesamte Mollerstadt ein Raub der Flammen.

An dessen Stelle setzte 1956 der Darmstädter Hochschullehrer Theo Pabst eine ganz neue Kunsthalle mit klarem, einfachem Grund- und Aufriß und nach Süden, zur Rheinstraße hin, weit geöffneten Fensterfronten; 1965 erfolgte eine Erweiterung nach Norden. Anfangs hatte man den Mollerschen Portikus stehen gelassen; doch wenig später wurde auch er abgetragen.

Bank für Handel und Industrie

Zu den in Darmstadt nach der Mitte des 19. Jahrhunderts errichteten bedeutenden Gebäuden gehört zweifellos die am Alten Bahnhof gelegene, im Jahre 1875 eingeweihte Bank für Handel und Industrie des Mainzer Architekten Philipp Berdellé. Seinem Bahnhofsbau gegenüber setzte er einen weiteren architektonischen Akzent aus einer Mischung von Neorenaissance und Neobarock. Hierbei kopierte er geschickt den Mittelrisalit der Dresdener Gemäldegalerie am Zwinger von Gottfried Semper, einem der bedeutendsten Architekten unter den Zeitgenossen. Mit Semper waren damals in Darmstadt Verhandlungen geführt worden, das Hoftheater neu zu bauen. Mit dieser Bank hatte Darmstadt ein gewichtiges Wirtschaftsinstitut erhalten, aus dem später die Darmstädter und Nationalbank, die Danatbank, hervorging. 1922 bezog sie ein neues Gebäude in der mittleren Rheinstraße. In das leerstehende Haus am Alten Bahnhof kam die Berufsschule. Nach dem Krieg machten es die Firmen Blaupunkt und Bosch wieder nutzbar. Jetzt soll es in einen Wohnkomplex umgewandelt werden.

Neckarstraße und Vereinigte Gesellschaft

Wer Darmstadt vom Rheintor aus über die Rheinstraße betrat oder aus Heidelberg, die Bergstraße entlang kommend, durch das Neckartor über die Neckarstraße ins Stadtgebiet einfuhr, der sah sich einer vornehmen Wohngegend gegenüber, breiten Straßen und Plätzen, die, planmäßig angelegt und jeweils zu städtebaulich interessanten Straßen- und Platzräumen zusammengefaßt, teilweise mit Baumalleen bepflanzt waren. Hier lagen neben Verwaltungsbauten die zurückhaltend gestalteten Adelspalais und die Häuser der gehobenen Bürgerschaft, des Hofstaats und der Beamten einer mittelgroßen deutschen Residenz, wozu Darmstadt während der napoleonischen Ära durch den Frieden von Luneville 1801 und den Reichsdeputationshauptschluß 1802 aufgestiegen war. Kaum ein Gebäude dieser klassizistisch-biedermeierlichen Neustadt suchte das andere zu überbieten; jedes fügte sich wie selbstverständlich in die große Stadtidee ein, die der aus Westfalen stammende hessische Baudirektor Georg Moller, fußend auf dem Werk seiner Vorgänger Johann Helfrich Müller und Michael Mittermayer, ausgedacht hatte. Nirgends hat Moller, der ein Schüler Friedrich Weinbrenners in Karlsruhe war, durchgehende Straßenachsen in erstarrter Symmetrie geschaffen, sondern, seinem denkmalpflegerischen Verständnis des Mittelalters entsprechend, die Straßen durch Bauwerke oder besondere Ausblicke, zum Beispiel auf die Burgruine Frankenstein, geschlossen und so als Wohnumfeld überschaubar gehalten. Nirgends hat er im Einzelbauwerk über Gebühr aufgetrumpft, es sei denn an hervorragender städtebaulicher Stelle; stets repräsentierte sich für ihn das hessische Staatswesen, das als solide galt, in der Stadt als Gesamtkunstwerk, als einheitlicher Lebensraum. Bei der Bauausführung bediente er sich mehrerer Bauunternehmer, so des Peter Christian Lauteschläger, dessen Sohn, Theater- und Stadtbaumeister Karl Lauteschläger, dann das Hospital in die Mollerstadt einfügte. Vollender der

Neustadt waren Mollers Mitarbeiter Franz Heger und Georg August Lerch.
Wer kennt heute noch den Reichtum des architektonischen und bildernischen Details, den diese Neustadt ausgezeichnet hat. Wer ahnt heute noch den Baumreichtum ihrer Gärten, die Schatten und frische Luft spendeten und trotz nahezu geschlossener Straßenfluchten den Eindruck einer Gartenstadt erweckten. Einer der letzten großen Parks der Mollerstadt, der Parkus des gleichnamigen Bankdirektors der Bank für Handel und Industrie an der Bismarckstraße, wurde 1938/39 zugunsten einer Bebauung abgeholzt.
An der entscheidenden Straßenkreuzung errichtete Georg Moller das auf der Ecke gerundete Kasino der Vereinigten Gesellschaft in Weinbrenners Bauweise, ähnlich einem Karlsruher Haus am Karlstor von Friedrich Arnold, allerdings repräsentativer, mit geschickt schräg gestelltem Festsaal. 1817 wurde es mit einem festlichen Ball eröffnet; ein halbes Jahrhundert war es der Mittelpunkt eines vielseitigen geselligen, bürgerschaftlichen Lebens. Damals

wurden allenthalben außerhalb der herrschaftsbezogenen politischen Landschaft Kultur-, Sozial- und Gewerbevereine gegründet. 1944 ging die Vereinigte Gesellschaft als Luftschutzhaus in den Flammen unter.
Heute ragt hier ein von der Firma Georg Mengler gebautes Hochhaus auf, das die Behörde des Regierungspräsidenten in Darmstadt angemietet hat. Es hebt die Mollerstadt sozusagen aus den Angeln in eine ihr nicht gemäße Dimension.

Mittlere Rheinstraße mit Stadthaus und Lautze-Eck

Wie sehr es auf die rechte Dimension und Architektur ankommt, zeigen Darmstadts Haupt- und Prachtstraßen von ehemals heute: die Rhein- und die Neckarstraße. Überdimensionale oder eintönige Hochbauten und Autoabstellplätze markieren die Neckarstraße. Wo einst in der mittleren Rheinstraße das in seinen Maßen ruhig gehaltene dreigeschossige Stadthaus und Ecke Grafenstraße das in Gründerzeitpose prangende Geschäftshaus mit der Papierwarenhandlung Lautz standen, werben heute allerlei Läden um ihre Kunden an überhöhten, langweiligen Fassaden, die denen anderer Städte gleichen.
Darmstadt vermochte manchen Stadtbezirk wieder so herzustellen, daß sein ursprünglicher Charakter nicht verlorenging. Anders ist es mit der Mollerstadt. Hier sind nicht wiedergutzumachende Eingriffe in die allerdings 1945 nur noch kümmerlich erhaltene Substanz erfolgt. Die Tragik Mollers ist, daß sein Werk an entscheidender Stelle durch die Luftangriffe auf die Stadt vernichtet wurde.

Luisenplatz von Nordwesten

Darmstadts schönster Platz, der Luisenplatz, ist auf der Rheinstraße dem Residenzschloß unmittelbar vorgelagert. Die Darmstädter bezeichnen ihn gern als ›ihre gut Stubb‹. Aus zwei gekreuzten Rechtecken ist er im Laufe des 18. und 19. Jahrhunderts durch die nach Westen vorrückende Bebauung zu seiner noch heute erkennbaren festlichen Form herangebildet worden.
Das Neue Tor entstand mit der Errichtung der Neuen Vorstadt um 1700, deren Pläne zum Teil auf den hessischen Baudirektor Ploennies und den Werkmeister Schäfer zurückgehen. Ursprünglich war diese Vorstadt zur Aufnahme der französischen Glaubensflüchtlinge, für die durch Darmstadt ziehenden Waldenser gedacht. Schließlich zogen in die neuen Häuser die nach Darmstadt versetzten Beamten. Landgraf Ernst Ludwig gewährte ihnen eine Befreiung von öffentlichen Lasten auf zehn Jahre.
Schon vor Errichtung des Neuen Tores war 1695 der Gasthof »Zur Traube« im Scheuerhof und 1699 das alte Posthaus gebaut worden. Durch Ausbau der Neuen Vorstadt suchte man unter anderem den vor der Stadt mit ihren Abgaben ausweichenden Verkehr auf der Bergstraße in diese zurückzubringen. Erst gegen das Jahrhundertende folgten auf der Nordseite das von dem Hanauer Franz Ludwig Cancrin entworfene und 1777 bis 1780 von Johann Martin Schuhknecht aufgeführte Kollegienhaus und auf der Südseite anstelle einer älteren Kavalleriekaserne das nachmalige Alte Palais, die Wohnung für den Erbprinzen, der darin auch als Großherzog Ludwig II. wohnen blieb. Das Palais geht auf Michael Mittermayer zurück, der es ab 1803 erbaute; aber erst durch die Flügelanbauten Mollers erhielt es seine spätere Gestalt. Die Platzecken nahmen nach und nach die Palais hessischer Prinzen und vornehme Bürgerhäuser ein; neben dem Prinz-Christian-Palais gab es das ursprünglich dem Hofkammerrat Moldenhauer gehörige Alexander-Palais, das ab 1863 Prinz Alexander mit seiner Frau aus dem Haus Battenberg bewohnte. In den dreißiger Jahren des 18. Jahrhunderts wurde das Prinz-Christian-Palais nach Mollers Plänen von seinem Mitarbeiter Lerch zum hessischen Ständehaus oder Landtag umgebaut. 1878 kam an die Stelle des bescheidenen klassizistischen Posthauses das von Schellenberg entworfene Kaiserliche Postamt.

Platzfront und Treppenhaus des Kollegiengebäudes 1935 – Luisenplatz

Mit Ausbau der Verwaltung für das an Gebiet und Einwohner gewachsene Großherzogtum wurde eine Erweiterung des Kollegienhauses nach Norden durch ein angefügtes neues Kanzleigebäude notwendig, das Georg Moller von 1825 bis 1826 aufführen ließ. Klassizistische und romanisierende Stilelemente verbinden sich hier, wie bei Moller üblich, zu einem ausdrucksstarken Bauwerk.

Nach Abbruch des Neuen Tores zierte den Platz der vor dem Alten Palais 1824 aufgestellte Louisenbrunnen von Franz Heger; wenig später wurde er auf den Mathildenplatz umgesetzt. Heute wird er nach den Löwen des Hofbildhauers Johann Baptist Scholl d. Ä. als Löwenbrunnen bezeichnet. Dem 1837 gegründeten Verein zur Errichtung eines Monuments für Großherzog Ludwig I. gelang es, die auch die Luftangriffe des Zweiten Weltkriegs überdauernde Säule, eine Idee Mollers und des Prinzen August von Wittgenstein, mit dem von Ludwig von Schwanthaler in Erz gegossenen Standbild des beliebten Fürsten 1841 bis 1844 aufzurichten. Erst 1908 schuf Joseph Maria Olbrich die Brunnenschalen beidseits der Säule.

Der Bewuchs des Luisenplatzes hat einen mehrfachen Wandel erfahren. Erst 1883 wurde er mit Bäumen bepflanzt. Vor dem Alten Palais und dem Kollegiengebäude erstreckten sich Rasenflächen und Blumenrabatten. 1938 fielen die gealterten Bäume wieder; ein reiner Architekturplatz von harmonischem Maß blieb zurück.

Der Zweite Weltkrieg hat die Umbauung des Luisenplatzes vollkommen zerstört. Die Nachkriegszeit veränderte zwar das Platzgefüge nicht, verwandelte aber die Gebäude nach den heutigen ökonomischen Anforderungen. Nur das Kollegiengebäude wurde vom Land Hessen als Sitz des Regierungspräsidenten in Darmstadt äußerlich im alten Stil wiederaufgebaut. Der neue Schwerpunkt des Platzes, das für die ursprüngliche Platzkonzeption sicher zu wuchtig geratene Luisencenter der Seifert-Planung, 1975 bis 1977 errichtet, gibt sich bürgerlich. Es verbindet Rathaus, Kongreßsaal, Fußgängerpassage und Einkaufszentrum miteinander; angegliedert ist ein Warenhaus. Das ganze Gebäude ist multifunktional angelegt, also ein erlebnisreicher Innenraum.

Blick von Westen, vom Luisenplatz auf das Schloß

LUDEWIG
SEIN DANKBARES VOLK

FALK
Hachenburger

Blick vom Schloß und Faixe-Eck zum Luisenplatz

Einst war die obere Rheinstraße das Kernstück des Darmstädter Stadtbummels. Wer einem Bekannten in Darmstadt begegnen wollte, konnte sicher sein, ihn hier, zwischen Luisenplatz und Schloß, anzutreffen. Irgendwann am Tag kam jeder Darmstädter – ging oder fuhr er in die Stadt – an dieser Stelle vorbei. Alle Straßenbahnlinien kreuzten sich hier; Luisenplatz und der Ernst-Ludwig-Platz vor dem Schloß waren Darmstadts Hauptumsteigestationen. Seit 1912 betreibt die Hessische Eisenbahn-Aktiengesellschaft, die ihre Abkürzung Heag unter anderem Namen weiter verwendete, die Darmstädter Straßenbahn. Der Stadtbummel selbst erstreckte sich über den Markt, die Ludwig- und die Ernst-Ludwig-Straße. Ganz Tüchtige dehnten ihre Runde noch über die Elisabethen- und Wilhelminenstraße aus, bezogen also den in diesem Stadtzwickel liegenden Alten-Palais-Garten mit seiner gewaltigen Rotbuche und den anderen stimmungsvollen Bäumen ein. Der Rundgang umfaßte so das eigentliche alte, frühere Darmstädter Geschäftsviertel. Daran hat auch die totale Kriegszerstörung der Stadtmitte nicht allzu viel geändert. Nur der Schwerpunkt verlagerte sich seit dem Bau des Luisencenters und der Autofreiheit auf dem Luisenplatz dorthin. Der gesamte innerstädtische Autoverkehr wurde in einen großzügig angelegten Tunnel unter der Wilhelminenstraße verlegt. Für die neue Platzgestaltung selbst fiel der erste Preis in einem Wettbewerb auf den Entwurf von Dr. Wolf in Hannover. Mit der ausführenden Planung wurde das Büro Lindinger und Partner beauftragt. Für 4 Mio. DM erhielt der 12400 qm große Platz einen unverwechselbaren, in Erinnerung bleibenden Charakter, dessen Konturen sowie Verkehrs- und Ruhezonen durch farbige Gliederung der Pflasterung gut herausgearbeitet sind. Durch verschiedene Gliederungselemente wie die Betonung der Hauptachse und Diagonalen hat der Luisenplatz eine angemessene »individuelle« Struktur und wirkt nicht, wie auf Plätzen häufig üblich, monoton-grau. Bäume in den Zwickeln am Platzrand geben ihm zusätzlich ein umweltfreundliches Gesicht.

Kirchenhof im Schloß mit Paukergang

Am Anfang der heutigen Stadtentwicklung stand eine Wasserburg der Grafen von Katzenelnbogen, die das Gebiet der sogenannten Grafschaft Bessungen um und mit Darmstadt nach dem Aussterben der Herren von Dornberg 1259 als Lehen des Hochstifts Würzburg in Empfang genommen hatten. Bis 1803 blieb Hessen-Darmstadt zwar hochstiftisch-würzburgisches Lehen, was sich aber politisch nicht auswirkte. Das Darmstädter Schloß bildete eine der Residenzen der besonders am Mittelrhein begüterten Katzenelnboger. Graf Wilhelm I. legte die Grundlagen für die spätere Residenzstadt. Mit dem Aussterben der Katzenelnboger 1479 geriet Darmstadt als Siedlung des Landgrafen Heinrichs III. von Hessen, peripher zu dessen Territorium gelegen, politisch ins Spannungsfeld kurmainzischer und kurpfälzischer Interessen. Die Stadt behielt das Oberamt für die südhessische Obergrafschaft. Zu Beginn der Regierung Philipps des Großmütigen wurde sie von Franz von Sickingen erobert, wobei es zur Zerstörung von Teilen des Schlosses kam.

Glockenhof des Schlosses

Mit der endgültigen Landesteilung 1567 begann für die verselbständigte Obergrafschaft Hessen-Darmstadt eine neue Periode. Philipps jüngster Sohn Georg I., den die Geschichtsschreiber den Frommen nannten, ließ das im Schmalkaldischen Krieg vollends zerstörte Darmstädter Schloß durch den Kasseler Hofbaumeister Christoph Müller als Wohnung für sich und seinen Hofstaat herrichten. Mit der Herauslösung Hessen-Darmstadts aus dem seitherigen Territorialgefüge setzte ein mehrjähriger Emanzipierungsprozeß von den Regierungsorganen in Kassel ein.

Ab der Mitte des 16. Jahrhunderts entstanden in rascher Folge die Bauten um den Kirchenhof mit dem Paukergang, der die Verbindung zwischen dem Herren- und dem Kirchenbau herstellte und der zugleich für festliche Musiken, beispielsweise mit Trompeten und Pauken, diente. Auch im 17. Jahrhundert ging der Ausbau der Residenz weiter; aus den Jahren 1663 bis 1671 stammt der im Zopfstil gehaltene Glockenbau Johann Wilhelm Pfannmüllers, dem ein älteres Zeughaus weichen mußte.

Blick vom Marktplatz auf das Schloß

Das Vorbild für den Glockenbau bildete das Maastrichter Glockenspiel, das Landgraf Ludwig VI. auf einer Hollandreise kennenlernte. Er ließ hierfür eigens 28 Glocken bei Meister Salomon Verbeck in Amsterdam gießen und ein mechanisch gesteuertes Spielwerk einbauen. Nach der Uhr des Glockenspiels waren bis ins 19. Jahrhundert hinein die Darmstädter Uhren zu stellen. In diesem Jahrhundert wurde die Zahl der Glocken von 28 auf 35 erweitert. 1943 zerstörten Brandbomben das Glockenspiel. Schon 1951 konnte es, unterstützt durch die Initiativen des Glockenspielausschusses, wiedererrichtet und mit zunächst 21 Glocken bestückt werden; seit 1981 hat es wieder 30. Die Spielordnung ist bis heute die gleiche geblieben: zur vollen Stunde ein Kirchenlied, zur halben eine Volksweise. Bis zum heutigen Tag gilt der Glockenturm als eines der beliebtesten Darmstädter Wahrzeichen.
Durch fahrlässige Brandstiftung brannte 1715 der Kanzleibau des frühen 17. Jahrhunderts ab. Da auch andere Kriegsschäden zu beseitigen waren, wurde der vom Landgrafen Ernst Ludwig im Vorjahr aus Hannover nach Darmstadt berufene Architekt Louis Remy de la Fosse mit Neubauplänen beauftragt. Er schlug die vollständige Beseitigung des Altschlosses und dafür eine großzügige Neuplanung mit drei Höfen vor, die von einem riesigen Uhrturm überragt werden sollten. Doch die 1716 begonnene Realisierung war schon vor dem Tode de la Fossens 1726 ins Stocken geraten; nur die Marktfront und ein Teil an der Rheinstraße waren im Rohbau fertig. Erst 1812 legte Georg Moller dem Großherzog Ludwig I. ein neues, kleineres Ausbaukonzept für eine Vierflügelanlage vor. Zugunsten der großherzoglichen Sammlungen wurde ein Teilausbau vorgenommen.
Im Zweiten Weltkrieg ging das Schloß in der Feuersbrunst unter. Bis 1963 wurde es unter der Leitung der Baudirektoren H. Tuch und G. Zimmermann rekonstruiert, so daß dem Ortsunkundigen kaum ein Wandel auffällt, obwohl Details am Altbau verändert worden sind.

Marktplatz mit Rathaus und Stadtkirche

Auf der Marktfront des Schlosses stehen wie Sinnbilder der hessischen Landesherrschaft die steinernen Allegorien Liebe, Gerechtigkeit, Treue und Wohlstand des Hofbildhauers Johann Wendel Eckhard. Zu ihren Füßen liegt Darmstadts Marktplatz mit dem alten Rathaus; dahinter erhebt sich der mächtige Stadtkirchturm. So ist der Platz eingebunden zwischen symbolträchtigen Bau- und Bildwerken, die dieser Stadt Programm waren oder zu Zeiten hätten sein können. Auf der einen Seite steht der strenge lutherische Geist, der auf Sitte und peinliche Ordnung bestand, auf der anderen die Weite des weltlichen Denkens und der Rechtsansprüche in Bibliothek und Archiv. Im Schloß sind sowohl das Staats- und das Stadtarchiv sowie die Landes- und Hochschulbibliothek untergebracht, als auch das von Architekt Ernst Hofmann stilvoll neu zusammengetragene Schloßmuseum und Teile der Technischen Hochschule. Trotz des Aderlasses im Krieg von über einer halben Million Bänden zählt die Bibliothek mit rund 1 Mio. Bänden heute wieder zu den größten deutschsprachigen wissenschaftlichen Bibliotheken.

Bis in die Mitte des 14. Jahrhunderts entwickelte sich aus dem dörflichen Burgflecken das Ackerbürgerstädtchen. In der Stadtrechtsurkunde, die Kaiser Ludwig der Bayer am 23. 7. 1330 dem Grafen Wilhelm von Katzenelnbogen ausstellte, wird ihm das Recht verliehen, zweimal in der Woche den Wochenmarkt und auch einen Jahrmarkt abzuhalten und die Stadt zu befestigen. Dadurch vermochte Graf Wilhelm die Versorgung Darmstadts zu verbessern. Eine städtische Selbstverwaltung beinhaltet die Urkunde nicht.

Um 1529 wurde der Stadt ein neues Marktprivileg für drei Märkte je Woche gegeben. Ab 1587 legte man auf Drängen des Landgrafen den Baublock zwischen Schloß und Markt nieder. Das ältere Fachwerkrathaus, das den neuen Verwaltungsansprüchen nicht mehr genügte, wurde 1598 bis 1601 endgültig durch einen Neubau von Jakob Wustmann und 1780 der ältere Marktbrunnen durch den heute noch erhaltenen mit dem barocken Obelisken von Johann Helfrich Müller ersetzt. Schon in der Barockzeit diente der Marktplatz auch zu Aufzügen und Volksbelustigungen. Beim 1951 ins Leben gerufenen Heinerfest bilden Schloß und Markt den Mittelpunkt der Schausteller. Noch heute wird an mehreren Wochentagen Markt abgehalten.

Bis zum Zweiten Weltkrieg konzentrierten sich an der westlichen Marktseite die Warenhäuser: so Henschel und Ropertz, vormals Rothschild, und das Mainzer Warenhaus, später Tietz und schließlich Kaufhof. Heute verteilen sich die Warenhäuser auf das gesamte Geschäftsviertel der Stadt. Das 1927 von August Buxbaum renovierte Rathaus wurde im Krieg zerstört, aber schon wenig später nach Bauaufnahmen des 19. Jahrhunderts originalgetreu wiederaufgebaut. Zur Zeit beherbergt es nur noch das Standesamt und den Ratskeller. In der Platzumbauung bemühte man sich, den alten Maßstab im Aufriß beizubehalten und dem Rathaus den Vorrang zu belassen. Dabei wurde die Platzfront zum ehemaligen Schillerplatz hin zurückgerückt und durch einen einheitlichen Skelettwohnbau geschlossen; dagegen übernahm man die Kleinteiligkeit der westseitigen Bebauung.

Vertrieb
No
10

Neurohr

Landgraf-Georg-Straße und Große Ochsengasse

Darmstadts Altstadt bildete sich vermutlich aus einem älteren Oberdorf an der heutigen Landgraf-Georg-Straße und einem jüngeren Unterdorf zwischen Marktplatz und Stadtkirche; beide wurden durch den Darm- und den Soderbach voneinander getrennt. Erst mit der Ummauerung und Stadtwerdung füllte sich auch die Niederung mit Gebäuden. Mitte des 16. Jahrhunderts umfaßte die vorwiegend ackerbürgerliche Altstadt ca. 240 Haushaltungen mit wenig mehr als 1000 Einwohnern. Allmählich war in Anlehnung an die katzenelnbogische Wasserburg eine städtische Siedlung am alten Verkehrsweg der Bergstraße geworden.

In Ostwest-Richtung gab es im Mittelalter keine bedeutende Durchgangsstraße. Diesen Verkehr bewältigte lange Zeit die Große Ochsengasse. Mit der Bebauung des Birngartens verlagerte er sich in die Alte Vorstadt, die heutige Alexanderstraße. In der Großen Ochsengasse saßen Händler und Handwerker. Die stattliche Bebauung des Straßenzugs erinnert mit den vorkragenden Häusern und Zwerchgiebeln an Frankfurt und Mainz. Erst um 1905 verlor die Ochsengasse mit dem Durchbruch der Landgraf-Georg-Straße jegliche Verkehrsbedeutung. Der Krieg tilgte die Altstadt restlos aus. An der neu geführten Landgraf-Georg-Straße, einer Bundesstraße, stehen heute Institute der Technischen Hochschule und eine Wohnbaugruppe.

Gasthaus zur Insel
Gasthaus Stadt Durlach

Insel am Justus-Liebig-Haus mit Stadtkirche

Durch die Beseitigung eines Baublocks war dieser rundliche Platz 1885 entstanden. Sein Name erinnert an die Niederung, die hier von Darm- und von Soderbach inselartig umflossen war. Nach dem Zweiten Weltkrieg wurde der Versuch unternommen, die Insel, wenn auch mit schlichter moderner Wohnumbauung, zu erhalten. Als wichtigstes Gebäude errichtete man hier an der Stelle, wo das Geburtshaus von Justus Liebig gestanden hatte, das Darmstädter Bürgerhaus, das Justus-Liebig-Haus. Eine mit Grün geschickt durchsetzte Treppenstraße verband die beiden bürgerschaftlichen Zentren: Stadtkirche und Liebighaus. Mit dem Durchbruch der Holzstraße als Teil des innerstädtischen Verkehrsringes ging trotz Fußgängerunterführung diese sinnvolle Verbindung über eine Treppe verloren. Das Liebighaus wurde frei gestellt und die Insel eines Stücks ihrer Platzwand beraubt. Was als neue Holzstraßenflucht die Insel begrenzt und mit seiner pseudo-gotisch nachempfundenen Unruhe aus Beton und Glas gegen die festgefügten Mauern der Stadtkirche ankämpft, dürfte umstritten bleiben.

Holzstraßendurchbruch und Piazza an der Stadtkirche heute

Beim Wiederaufbau nach 1945 orientierte sich die Stadtplanung an den Gegebenheiten vor der Zerstörung, selbst da, wo Straßen und Plätze aufgeweitet wurden. Inzwischen sind aber Änderungen im Planungskonzept der Stadt eingetreten. Verkehr und Kommerz haben sich ebenso gewandelt wie die Lebens- und Wohnweisen. Eine gefestigte Wirtschaftskraft bringt neue Ansprüche mit

sich, die ihren Niederschlag in der Architektur finden. In dem notwendigen Regenerationsprozeß ändern sich nicht nur die Strukturen von Straßenzügen und deren Fronten, sondern auch Maßstäbe und Bauelemente. Beim Holzstraßendurchbruch haben die Stadtgestalter, unter anderem der Architekt Rolf Poth, über den neuartigen Ausdrucksversuch und der Spielfreude an im Augenblick gängigen Bauelementen die Einpassung ihrer Bauwerke an die Umgebung versäumt. In eigenartiger Vielfalt sind die Obergeschosse wie Dansker zu plastischer Wucht über schmale Streben und Glasfenster aufgetürmt – gleich abweisenden Wohnburgen über Geschäftsräumen; ihnen geht die Eleganz Mollerscher Bauten ab, ihnen fehlt gerade das, was den Darmstädter Schriftsteller Kasimir Edschmid einmal dazu brachte, Darmstadt als »die Stadt der Helle« zu bezeichnen. Gemütlicher, weil wärmer als die kalte Pracht in Stahl und Beton nimmt sich die Piazza hinter der Stadtkirche mit ihrer schlichten Pflasterung, den Bäumen und den rauschenden Brunnen aus, auch wenn hier weniger mehr gewesen wäre.

Liebigs Geburtshaus in der Großen Kaplanei-gasse und Assembleezimmer im Altschloß

Adlige und bürgerliche Wohnkultur stehen sich in diesen Bildern gegenüber. Das feine, auf Zeremoniell ausgerichtete adlige Wohnen mit seinem Rituell des Gesprächs färbte auf die an sich nüchterne barocke bis biedermeierliche bürgerliche Lebensform ab; nur fanden hier Arbeiten und Wohnen aus Platzmangel im gleichen Raum statt. Dennoch hatte man sein gemütliches oder vornehmes Zimmer, den Salon. Und jeder Hausherr oder jede Hausfrau von Ansehen war darauf bedacht, daß man nichts tat, was den Leuten unangenehmen Gesprächsstoff liefern konnte. »Was denken die Leut!« war eine bekannte Darmstädter Redewendung. Erstaunlich viel Fachwerk hatte unter den Schindeln oder dem Verputz der Darmstädter Altstadthäuser gesteckt; meist war es jedoch nicht wie z. B. beim Gasthof ›Zum Anker‹ und beim Glockenspielerhaus als Schaufachwerk gedacht, sondern rein konstruktiv zusammengefügt, also Zweckbau.

Blick von der Soderstraße auf die Stadtkirche

Auf Veranlassung des Grafen Wilhelm II. von Katzenelnbogen löste der Erzbischof Gerlach von Mainz 1369 die Darmstädter Kapelle von der Bessunger Mutterkirche und erhob sie zur selbständigen Pfarrei. Sowohl die Kapelle als auch die Kirche waren Maria geweiht. Die ältesten Teile der Stadtkirche entstammen dem 13. Jahrhundert. Ihr Aussehen vor dem Zweiten Weltkrieg erhielt sie 1420–30 unter dem Grafen Johann IV. von Katzenelnbogen. Sie wurde als spätgotische Basilika aufgeführt, wenngleich ihr heutiges Bild eher dem einer Hallenkirche nahe kommt. Das Langhaus wurde im 17. und 18. Jahrhundert mehrfach umgebaut, zuletzt von Georg Moller. Der gotische Chor mit seinem reichen Netzgewölbe ist im 15. Jahrhundert angefügt worden. Darunter befindet sich die Grablege der hessischen Landgrafen. 1526 wurde in Darmstadt die Reformation eingeführt. Gleichzeitig wurden die mit der Stadtkirche verknüpften Kapellen auf dem Heiligkreuz- und dem Herrgottsberg aufgegeben. Seit 1550 war mit dem Stadtkirchenamt die Superintendentur der Obergrafschaft verbunden. 1575 wurde schließlich die Hofpredigerstelle geschaffen.

Da der hessische Hof zu Darmstadt anfangs keine Hofkapelle zu halten vermochte, intensivierte man besonders den Kirchengesang und das Orgelspiel. Der Chor der Stadtkirche erhielt seinen Nachwuchs überwiegend aus den Singknaben des Pädagogs.

Der markante barockisierte Stadtkirchturm mit seinem Hauptaufsatz und welscher Haube sowie den vier Ecklaternen war 1628–1631 anstelle eines spitzen gotischen Turmhelms nach den Plänen Jakob Müllers gestaltet worden. Er gab der Kirche einen ganz persönlichen Zug.

Noch vor der totalen Zerstörung der Darmstädter Innenstadt fielen Kirchturm und Kirche den Brandbomben zum Opfer. Unmittelbar nach dem Krieg wurde der Chor in der alten Form wiederhergestellt. Dagegen ließ Karl Gruber 1952–53 das Langhaus nach eigenen Plänen weiten: mit Flachdecke, auseinander gezogenen Rundpfeilern und tief in die neue Kirchenhalle reichenden Emporen. Das Langhausdach wurde angehoben und sein Walmdach über die früheren kleinen Dächer auf den Seitenschiffen herab verlängert. Auch den Stadtkirchturm erhöhte er durch eine mächtige, den Glockenstuhl beherbergende Laterne. So wirkt heute die Stadtkirche viel wuchtiger als früher; dafür aber fehlt es ihr an äußerer Feinheit. Diese findet man im Kircheninneren, im Chorraum, in Gestalt wertvoller Fürstenepitaphe der Renaissance- und Barockzeit, die zwar nicht unzerstört geblieben, aber wieder stilgerecht erneuert worden sind.

Kapelle und Mahnmal auf dem Kapellplatz

1564 wurde der Friedhof am Kapellplatz anstelle des aufzulassenden Totenackers bei der Stadtkirche angelegt; 1573 war er ummauert. In Abwendung einer Kirchenbuße von 1601 stiftete der Leibschneider Hermann Bierlein eine Kapelle, die 1657 halbfertig an die Stadt überging. Nur widerwillig übernahm sie die Vollendung des kleinen Gotteshauses. In der zweiten Hälfte des 19. Jahrhunderts wurde es dann durch ein von Eduard Hechler entworfenes neugotisches Kirchlein ersetzt, das 1944 ausbrannte und dessen Ruine seitdem als Mahnmal an die Opfer des Zweiten Weltkriegs erinnert.

Pädagog und Frankensteiner Hof

Um 1570 wird eine erste Lateinschule in Darmstadt genannt. Bis zur Eröffnung des Pädagogs sollten aber noch viele Jahrzehnte vergehen. Zwar lag das Darmstädter Schulwesen nicht ganz so im argen, wie man vermuten könnte. Immer wieder gab es Schulversuche, so im Neuen Tor oder eine Schule für Waisen und arme Kinder. Nachdem der Versuch der Darmstädter, in ihrer Stadt eine Universität zu bekommen, fehlgeschlagen war, mußten sie sich mit der 1627 erfolgten Gründung eines Pädagogs begnügen. Dessen Schüler wurden auf das Universitätsstudium vorbereitet. Der Landgraf hatte Gießen zum Sitz der neuen hessen-darmstädtischen Universität bestimmt, da es nicht allzu weit von der anderen hessischen Landesuniversität in Marburg lag und auch sicherer als Darmstadt erschien. Viele, die im Pädagog zur Schule gingen, sprachen liebevoll vom »Piu«. 1607–1629 erstellte der aus Lauterbach zugewanderte Seyfried Pfannmüller das hierzu nötige Schulhaus in schlichten, dem Barock zugewandten Renaissanceformen. Mit dem Schulunterricht am Pädagog und seinen Reformen ging es auf und ab wie mit den Zeitläufen. Auch nach dem Auszug des Gymnasiums 1832 diente es noch längere Zeit als Schulgebäude. In unserem Jahrhundert beherbergte es bis zur Kriegszerstörung das Stadtmuseum.

Das Pädagog war in dem einstmaligen Hof der alten Herren von Frankenstein errichtet worden. Solche Adelshöfe lagen meist nahe der Stadtmauer; da sie aus Stein waren, bildeten sie selbst ein Stück der Verteidigungsanlage. An den Frankensteiner Hof lehnte sich das Bessunger Tor an, der Zugang zur Bergstraße. Übrigens war das mittelalterliche Darmstadt – ohne die Vorstädte der späteren Zeit – in vier Letze, das sind Wehr- und Steuerbezirke, eingeteilt. Im Frankensteiner Hof war im 16. Jahrhundert eine Amtskellerei untergebracht. Anfang des 18. Jahrhunderts hatte hier die Realschule eine vorübergehende Bleibe gefunden. Zwischen den beiden Weltkriegen war die Direktion für Stadtarchiv und Stadtbibliothek und auch die Stadtbücherei in diesen Räumen untergebracht. Diese ging aus der 1879 gegründeten Volksbibliothek hervor; 1897 hatte man sie als sogenannte öffentliche Bücher- und Lesehalle in der Luisenstraße untergebracht. Krieg und Nachkriegszeit löschten den Frankensteiner Hof aus. Seit 1979 ist endlich der von der Aktion Wiederaufbau Altes Pädagog unter Fritz Seipp seit Jahren geforderte und auch finanziell unterstützte Wiederaufbau des Pädagogs im Gange.

Ludwig-Georgs-Gymnasium und alte Schulinsel

Großer Wandel ist auf Darmstadts ältester Schulinsel eingezogen. Wo einst das Waisenhaus und später das alte Gymnasium, das Realgymnasium und die Ludwigs-Oberrealschule standen, blieb im Zweiten Weltkrieg kaum ein Stein auf dem anderen. Der weltoffene Geist der vier berühmten Gelehrten, des Mathematikers Ludwig Gauß, des Sprachforschers Jakob Grimm, des Chemikers Justus von Liebig und des Geographen Karl Ritter, die auf Postamenten vor dem Mittelrisalit des Realgymnasiums standen, vermochte nicht das düstere Schicksal von diesen Bildungsstätten der Jugend abzuwenden. Heute ist an alter Stätte nur noch das Ludwig-Georgs-Gymnasium, das LGG, verblieben, wenn auch in völlig anderer Gestalt als in der Vergangenheit.
1594 wurde ein erstes Waisenhaus gegründet; als dauerhafte Einrichtung entstand es aber erst 1698. Die Landgräfin Elisabeth-Dorothea stiftete 1685 ein Hospital vor dem Bessunger Tor; dorthin zogen dann auch die Waisen. In den Jahren 1747–50 erbaute dann der Baudirektor Johann Helfrich Müller auf Betreiben des Stadtpredigers Johann Konrad Lichtenberg ein neues Waisenhaus in spätbarocken Formen mit einem Rokokotor davor, das heute den Zugang zum Prinz-Georgs-Garten vom Schloßgarten aus ziert. Die Reformen Georg Zimmermanns und Carl Diltheys zu Anfang des 19. Jahrhunderts zielten auf die Verwirklichung des humanistischen Gymnasiums. 1832 zog es ins ehemalige Waisenhaus ein. 1842–43 entstand unmittelbar daneben das Gebäude der späteren Ludwigs-Oberrealschule, der LuO, von Balthasar Harres, damals noch als Höhere Gewerbeschule mit Realschule. 1879 folgte das Alte Realgymnasium am Kapellplatz, errichtet von Eduard Hechler, dem Baumeister der meisten Darmstädter Backsteinschulgebäude.
Das heutige LGG ist im Rahmen eines Wettbewerbs, der Meisterbauten der Zeit vorstellte, entwickelt worden. Der Wettbewerb fand im Zusammenhang mit dem Zweiten Darmstädter Gespräch 1951 ›Mensch und Raum‹ statt. Leider ist von dem von Max Taut geplanten LGG bei der 1952–55 erfolgten Überarbeitung des Entwurfs im wesentlichen nur der des Pausenhof, die Freiraumklasse und die Betonrahmenkonstruktion übernommen worden.

Richard Jung L. Schorlemmer

Blick von der Schulinsel durch die Schulstraße zum Ludwigsplatz

Georg Moller hat in seinem Plan von 1815 zur ›Vergrößerung der Residenz‹ die ersten Geschäftsstraßen der Stadt vorgesehen, darunter die Schulstraße, die zu einem Platz, dem Ludwigsplatz, spitz zuliefen und somit die Altstadt, nämlich den Marktplatz und das Bessunger Tor, mit seiner Neustadt im Westen einmal mehr verknüpften. Bisher waren Darmstadts Einkaufsstätten – meist wenig komfortabel – über die Altstadt verstreut. Im Mollerschen Geiste waren fast alle Geschäftshäuser mit Wohnetagen kombiniert und entlang der Straßen so aufgereiht, daß keines vor dem anderen hervorstach. Die dreigeschossigen Gebäude hatten im Erdgeschoß unterschiedlich große Läden; die beiden oberen Stockwerke dienten in der Regel Wohnzwecken. Verhältnismäßig spät, nämlich erst 1863, kam der Durchbruch der Ernst-Ludwig-Straße zwischen Weißem Turm und Schloß einerseits und dem Ludwigsplatz andererseits hinzu. Nunmehr umfaßt das Darmstädter Geschäftsviertel fünf vom Ludwigsplatz ausstrahlende Straßen.

Beim Septemberangriff 1944 brannte das Darmstädter Geschäftsviertel völlig nieder; kein einziges Gebäude überdauerte die verheerende Feuersbrunst. Nur das Bismarckdenkmal von Ludwig Habich, das kurz nach der Jahrhundertwende an die Stelle der ›Darmstadtia‹, einer Phantasiefigur, Darmstadt symbolisierend, getreten war, wurde von den Bomben kaum beschädigt. Bei nur wenigen Gebäuden wie bei der Volksbank in der Hügelstraße konnte wenigstens die Fassade gerettet werden. Was übrig blieb, waren der Stadtgrundriß und das, was man in die Erde verlegt hatte, nämlich das Rohr- und das Kanalnetz. Nach 1945 wurde zunächst die Schulstraße nach einem einheitlichen Plan, der sich an Mollers Stadtidee ausrichtete, durch die Baugenossenschaft ›Daheim‹ und andere Bauträger wiederaufgebaut und mit Läden versehen. Erst allmählich füllten sich die benachbarten Straßen mit Geschäftshäusern, in denen allerdings das Wohnen mehr und mehr zurückgedrängt wurde. Anfang der siebziger Jahre lag noch immer am Südrande des Ludwigsplatzes ein großes Trümmergrundstück, das erst vor wenigen Jahren mit dem Quelle-Kaufhaus und einem Textil-Warenhaus überbaut worden ist.

Koffer
Kolb
KRAUTOL
McDonald's
Spießbraten
Pavillon

Blick durch die Ernst-Ludwig-Straße zum Weißen Turm

Inzwischen gehören die Ernst-Ludwig- und die Ludwigstraße zur engeren und die Elisabethen- und Schulstraße zur weiteren innerstädtischen Fußgängerzone. Mittlerweile umschließt die weitere auch den Luisenplatz, die von ihm ausgehende obere Rhein- und Wilhelminenstraße sowie den Ernst-Ludwig- und den Marktplatz als auch den nördlichen Teil der Kirchstraße zwischen Rathaus und Stadtkirche, also einen Bereich von etwa 500 mal 500 m.

Die Möblierung der Ernst-Ludwig- und der Ludwigstraße mit Blumenkübeln, Wasserspielen und Läden in Glas-Betonkästen war gut gemeint, hat aber zu einer Überladung beider Straßenzüge geführt, die den Fußgängerfluß behindert, zumal sich hier viele fliegende Händler – besonders junge Menschen, die einen Zuverdienst brauchen – niederlassen. Eine Reduzierung der Möblierung erscheint dringend notwendig. Dagegen kann die weitere Fußgängerzone am Luisenplatz und in der Wilhelminenstraße ebenso als gelungen gelten wie die in der oberen Rheinstraße, wo sich die Möblierung überwiegend auf Bäume und Sitzgelegenheiten beschränkt. Heute versorgt Darmstadts Einkaufszentrum nicht nur die Stadt, sondern mit langlebigen Gütern auch ein größeres Umland; insgesamt dient es, vor allem nachdem ein weiteres Warenhaus und die Ladenpassage des Luisencenters hinzugekommen sind, als Einkaufszone für rund eine halbe Million Menschen.

Verändert hat sich der Ludwig-Platz; nur Habich's Bismarckdenkmal überstand die Bombennacht. Anstelle von Verwaltungsbauten und Wohnhäusern sind Geschäftsgebäude getreten.

Ludwig-Platz mit Bismarckdenkmal

Autobahn
FAIX SÖHNE

Autobahn

Ernst-Ludwig-Platz und das Faixe-Eck am Weißen Turm

Darmstadts beliebtester Treffpunkt war der Ernst-Ludwig-Platz vor dem Schloß. Nur wußten viele Darmstädter seinen Namen nicht. Das dürfte sich bis heute kaum geändert haben. Für sie viel bekannter waren das Unterstellhäuschen unmittelbar an der Straßenbahnhaltestelle mit einem Kiosk hinter Säulen und einer unterirdischen Bedürfnisanstalt, und das Faixe-Eck. Im Eckhaus zur Rheinstraße hin residierte Darmstadts größtes Spielwarengeschäft, die Firma Faix und Söhne. An der Südseite des Platzes lag das Schwabsche Textilhaus von 1870, das die Firma Rothschild, die sich 1908 ein eigenes Kaufhaus am Markt in Jugendstilform von Wickop und Küchler bauen ließ, gegen Ende der zwanziger Jahre übernahm. Mit der Auswanderung der Familie Rothschild in der Mitte der dreißiger Jahre ging das Kaufhaus im gegenseitigen Einvernehmen an die Firma Henschel und Ropertz über, die es als eigenständiges Warenhaus bis zum heutigen Tag betreibt. Im Krieg brannten alle Gebäude am Platz aus; das Faixe-Eck mit seinem Kinderland war sogar total in sich zusammengesunken. Hier nun, schräg der Firma Henschel und Ropertz gegenüber, baute der Kaufhof sein neues Warenhaus unter Anpassung an Schloß und Platzgestalt bis hin zur Materialwahl für die Fassade. Es wurde ein gut strukturierter Bau aus rotem Buntsandstein. Auch die Fassade der Firma Henschel und Ropertz war ähnlich schlicht gehalten; sie wurde aber anfangs der siebziger Jahre auf Grund eines auch vom Landesdenkmalpfleger prämierten Entwurfs durch die Vorblendung von Leichtmetallplatten jeglicher Architekturelemente beraubt und der Platz so verfremdet. Der zwischen beiden Gebäuden stehende Weiße Turm war ebenfalls eine Brandruine. Sein Überleben verdankt er nur den eigenartigen Besitzverhältnissen. Die Stadtverwaltung hatte 1947 den Abbruch beschlossen, das Land Hessen als Eigentümer aber den Wiederaufbau. Schon um 1704 war er erstmalig aufgestockt und mit einem welschen Helm versehen worden; auch beim Wiederaufbau 1949 setzte man ihm ein zusätzliches Stockwerk auf, damit seine Dominanz gegenüber den Warenhäusern erhalten blieb. Immerhin gibt der Turm dem Platz und der anstoßenden Ernst-Ludwig-Straße den noblen Charakter.

Während im Darmstadt des Mittelalters und des Barock jeder hinzuziehende Bürger ein Bürgergeld zahlen und nach der Reformation ein guter Lutheraner sein mußte, um überhaupt für die Einbürgerung in Frage zu kommen, änderte sich das gegen Ende des 18. Jahrhunderts. Rechtlich wurde es erst Anfang des 19. Jahrhunderts durch eine neue Ortsbürgerregelung abgesichert. Nur Standespersonen und solche, die bei Hofe dienten, konnten, zumal sie zum Teil lastenfrei waren, mit landgräflicher Erlaubnis zuziehen. Aber auch als ›frisch gebackener‹ Ortsbürger war es gar nicht leicht, gegen die Ratskungelei und die Zunftängste vor Konkurrenz anzukommen. Das hat so manchen Zuwanderer, auch Glaubensflüchtling, zum Weiterzug veranlaßt.
Schon mit Landgraf Ludwig IX., der im Grunde genommen für seine Zeit recht bürgerfreundlich war, begannen die Schranken zwischen Alt- und Neubürger und zwischen der Ackerbürgerstadt und den höfischen Vorstädten zu fallen. Wichtig für Darmstadts Entwicklung war der neue Geist der Aufklärung, der schon mit Ludwig IX. Minister Friedrich Karl von Moser ansetzte und wenig später voll zum Zuge kam.

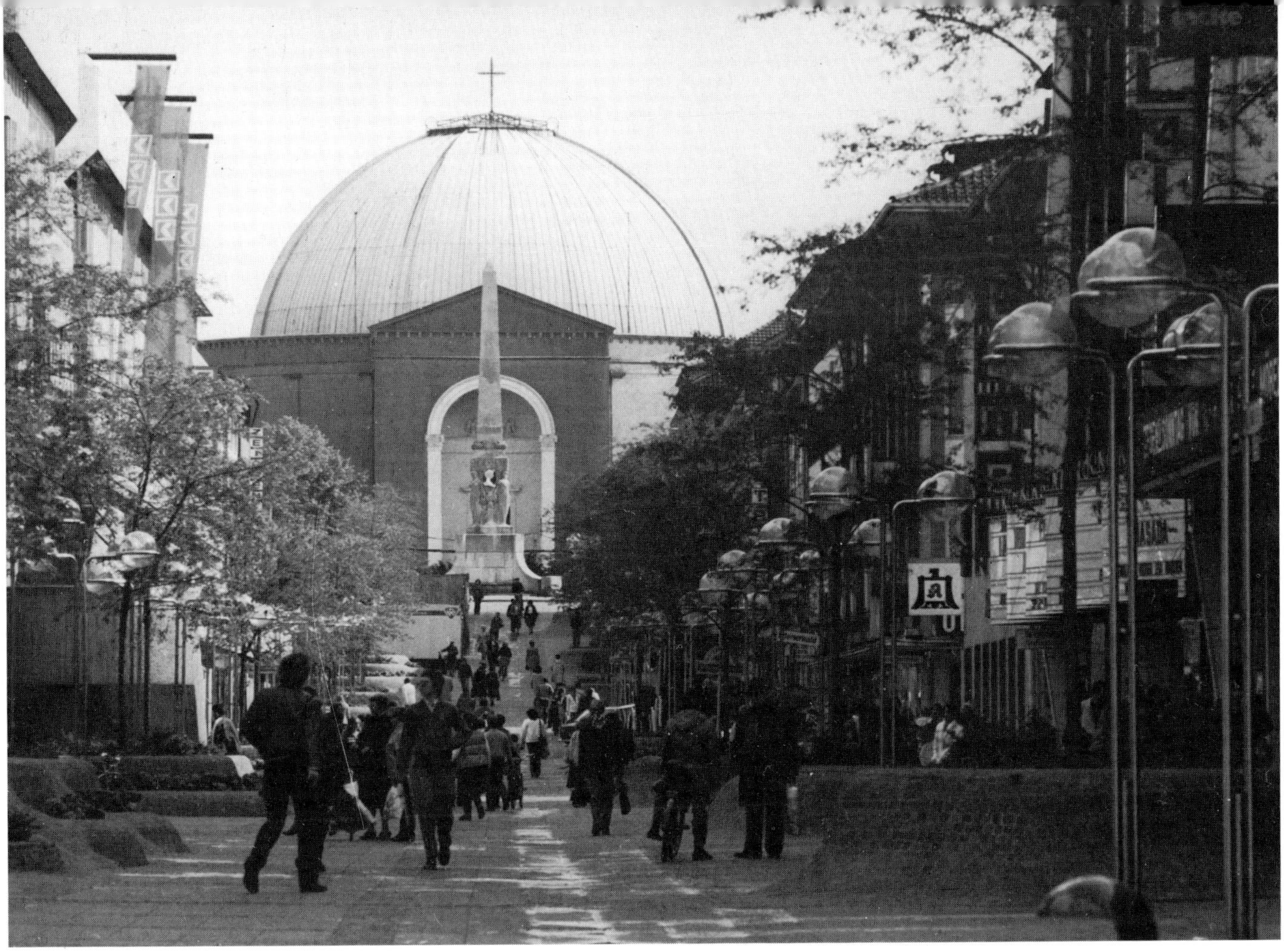

Wilhelminenstraße mit Alicedenkmal und St. Ludwig

Dies ermöglichte die geistige Strömung, die anfangs als Kreis der Empfindsamen weit über die Grenzen der Stadt hinausstrahlte und die dann eine mehr politisch-kulturelle und schließlich soziale Färbung unter dem Erbprinzen und nachmaligen Großherzog Ludwig I. annahm.
Mit der verschobenen Querachse der Wilhelminenstraße und ihrem Abschluß durch die auf einem Hügel gelegene katholische St. Ludwigskirche ist Georg Moller eine städtebauliche Glanzleistung gelungen, ein Vorgriff auf die späteren Boulevards des mittleren und ausgehenden 19. Jahrhunderts in anderen europäischen Städten. Indem die mittlere Wilhelminenstraße nunmehr der Fußgängerzone zugeordnet und verkehrsfrei wurde, ein Verdienst von Oberbürgermeister H. W. Sabais, Stadtbaurat H. Reißer und Oberbaudirektor A. Kuke, hat sie wieder ihren ursprünglichen Charakter als Stadtpromenade gewonnen. Zwar fehlen ihr die schattigen Bäume des Alten-Palaisgartens, die vom Feuerbrand verzehrt worden sind; auch hat man die Palais- und Wohnhausruinen der Mollerzeit durch nüchterne Geschäftsbauten und ein Warenhaus ersetzt.
Die mittlere Wilhelminenstraße mündet an der untertunnelten Kreuzung mit der Hügelstraße auf den Wilhelminenplatz vor St. Ludwig, dessen Auftakt ein Brunnenobelisk von 1902 bildet, der, von Ludwig Habich gearbeitet, an die wegen ihrer sozialen und kulturellen Verdienste hochangesehene Großherzogin Alice, eine Tochter der britischen Königin Viktoria, erinnert. Er fügt sich meisterhaft in die Platzfront von St. Ludwig ein.
Durch die Anhöhe gesteigert, wirkt Georg Mollers 1822–27 errichtete St. Ludwigskirche beeindruckend, dies obgleich er aus Geldmangel in zwei wesentlichen Dingen vom ursprünglichen Plan abgewichen ist. Statt Säulenportikus wurde nur ein schlichter romanischer Rundbogen gebaut. Auch die Kuppel wölbte sich nicht so stark, wie er vorgesehen hatte. Daher wirkte sie bis zur Zerstörung etwas flach und brachte St. Ludwig die volkstümliche, anheimelnde Bezeichnung ›Käsglock‹ ein. Das Grundstück hatte der Großherzog Ludwig I. nebst einigem Baumaterial zur Verfügung gestellt. Deshalb wurde die Kirche auch nach seinem Namenspatron benannt.

Inneres von St. Ludwig und Georg-Moller-Haus

Der Entwurf Mollers aus dem Jahre 1820 orientierte sich zwar nach dem Pantheon in Rom, hatte aber auch einen unmittelbaren Vorgänger in der Karlsruher St. Stephanskirche seines Lehrers Friedrich Weinbrenner. Auch St. Ludwig war ein von einer Kuppel überwölbter Zentralraum. Nur hat Moller ganz bewußt auf einen Turm und auf Seitenkapellen verzichtet; darin hatte es Weinbrenner bei seinem Kirchenbau schwer gehabt, weil die Karlsruher Gemeinde glaubte, ohne Turm nicht auskommen zu können. Dagegen übernahm Moller das Prinzip des Pantheon und der Stephanskirche, das Tageslicht aus der Kuppelhöhe in das Innere einfallen zu lassen. Mollers Innenkuppel hatte einen Durchmesser von 28 m und überwölbte den Kirchenraum mit einer aufgemalten Kassettendecke. Moller benutzte eine doppelte Holzkonstruktion, wobei die äußere und die innere Kuppel je eine andere Wölbung hatte. Darunter lag der gewaltige Säulenumgang mit korinthischen Kapitellen.

Im Zweiten Weltkrieg brannte die Kirche bis auf das Mauerrund aus. C. Holzmeister baute sie in leicht geänderter, jedoch auf den Entwürfen Mollers basierenden Form wieder auf. Die neue Kuppel wurde mit Hilfe einer Stahlkonstruktion stärker als früher hochgewölbt. Inzwischen haben die Vorarbeiten für eine echte Kassettierung der Innenkuppel begonnen.
Großherzog Ludwig I. soll einmal darauf hingewiesen haben, daß Hessen-Darmstadt – als militärische Macht bedeutungslos – nur stark durch seinen Geist sei. Ihn bei seinen Bürgern zu fördern, öffnete er nacheinander Hoftheater, Hofbibliothek, seine Sammlungen und auch seine Schloßgärten dem Publikum. Er selbst griff lieber zum Taktstock des Orchesterdirigenten als zum Marschallstab. Mit seinem Bruder Christian trat er nachhaltig für mehr Menschlichkeit und Toleranz ein. Schon früh traten beide in Verbindung mit der Freimaurerei. Eine erste Darmstädter Loge »Zur weißen Taube« wurde unter dem Landgrafen Ludwig VIII. gegründet. 1816 erhielt die Loge Johannes der Evangelist im Orient zu Darmstadt ihr Freimaurerpatent. Am Stiftungsfest nahmen Geistliche aller

Georg-Büchner-Anlage und Staatstheater an der Stelle des Neuen Palais

hessischen Konfessionen teil. Erster Meister vom Stuhl wurde der großherzogliche Leibarzt Georg von Wedekind, ein Onkel Mollers. So lag es nicht fern, daß auch Moller in die Loge eintrat, was ganz seiner noblen Gesinnung entsprach; schließlich führte er das Logengebäude 1816–18 auf.

Am Wilhelminenplatz treffen heute noch all diese Gesinnungen zusammen, die ein Stück der Darmstädter Offenheit ausmachen: die Verkündigung der christlichen Nächstenliebe in St. Ludwig, wie sie niemand stärker übte als die Großherzogin Alice, für die 1864–66 das Neue Palais von dem Mainzer Architekten Konrad Kraus im englischen Landhausstil gebaut worden war, die freimaurerische Forderung nach mehr Brüderlichkeit und Toleranz und der weltliche Anspruch auf Freiheit im Denken und Handeln, aber auch die Einsicht in die menschliche Verstrickung, wie sie das Staatstheater zu vermitteln bemüht ist.

Wo menschliche Verstrickung hinzuführen vermag, dokumentieren die Zerstörungsbilder dieser Seiten. Wo Haß ist, bleibt kaum etwas an Humanität übrig. Allerdings ging daraus auch die Kraft des Überwindens durch die Liebe hervor. Darmstadt wurde zu einem frühen Zentrum aktiver christlicher Ökumene und des friedlichen Miteinanders zwischen Kirche, Loge und Theater. Fast symbolisch stehen hier, an diesem Platz, ihre Gebäude nebeneinander.

Rolf Romero baute die Loge als Georg-Moller-Haus in Gestalt eines Kubus mit beibehaltenem Mollerschen Portikus und den zwei auf die Treppenwangen vorgelagerten Sphinxen wieder auf, getreu der Freimaurerweisung: ›Aus dem unbehauenen Stein werde ein behauener, ein Kubus.‹ Rolf Prange, der den 1. Preis in einem bundesweiten Architekturwettbewerb gewann, errichtete 1968–72 das neue Staatstheater, das vom Intendanten G. Beelitz beziehungsreich mit Beethovens Oper ›Fidelio‹ eröffnet wurde. Im Staatstheater, dessen Plafond zu einer terrassierten Grünanlage gestaltet ist, sind ein Großes Haus mit ca. 1000 und ein Kleines Haus mit ca. 500 Plätzen nebst sämtlichen Nebenräumen wie Werkstätten und Magazinen untergebracht. Im großzügigen Foyer finden die vielbeachteten kostenlosen Veranstaltungen der »Aktion Theaterfoyer« statt, die unter anderem dazu dienen, den Bürger an Theater, Konzert und Kultur heranzuführen.

Mathildenplatz mit Marstall

Als Pendant zum Alten-Palaisgarten ließ sich Moller den Mathildenplatz einfallen, eine Fläche mit mehreren Baumzeilen, die später, in der Gründerzeit, zu einer Grünanlage mit diagonalen Wegen zwischen Rasenflächen ausgestaltet worden war. Bereits Michael Mittermayer und sein Mitarbeiter Spieß hatten die Grundlage für diesen Platz durch den 1810–12 erfolgten Bau des Marstalls gelegt. Dieser stellte mit seinen zahlreichen dreigeschossigen Pavillongebäuden eine schloßähnliche Anlage dar, ein beinahe zu großzügiger Rahmen für Pferde und fürstliche Kutschen. Im Norden setzte Moller das Maintor als Platzabschluß und Anfang der Frankfurter Straße; später, in der zweiten Hälfte des 19. Jahrhunderts, entstanden hier die Darmstädter Gerichtsbehörden. Im Süden schloß er die Platzfront mit der Erweiterung des Kollegiengebäudes. Als das Ludwigsmonument auf dem Luisenplatz errichtet werden sollte, versetzte man den dortigen Löwenbrunnen von Scholl in die Mitte des Mathildenplatzes. Die Darmstädter fanden für den länglichen grünen Platz die liebevolle Bezeichnung ›Grün Bettlad‹ angemessen.

Der Krieg hat sozusagen den Marstall verschlungen. Seine letzten Überreste wurden beim Bau der Materialprüfungsanstalt der Technischen Hochschule abgetragen. Wo einst die Schaufront des Marstalls mit seinem interessanten Dachreiter war, erstreckt sich heute ein öder Parkplatz für den Regierungspräsidenten in Darmstadt. Verkehrsschilder überspannen die ehemals alleeartigen Straßen, insbesondere die Wilhelminenstraße, und versperren den Aufblick zur Ludwigskirche. 1979/80 hat die Stadt den Platz der ursprünglichen Gestaltung angenähert, wobei der Löwenbrunnen und die anderen Denkmäler an ihrem angestammten Ort verbleiben konnten. Inzwischen sind bis auf die Westseite alle Platzfronten wieder geschlossen, so daß es nunmehr ganz allein auf das Land Hessen ankommt, ob der Mathildenplatz in seiner Gesamtwirkung weiterhin beeinträchtigt bleibt oder ob er eine neue Platzmitte anstelle des Marstalls zurückgewinnt.

APOTHEKE

Darmstadt

Gerichtsgebäude an der Bismarckstraße

Dort, wo bis in die Mitte des 19. Jahrhunderts die Frankfurter Straße auf das Maintor traf und die Bismarckstraße, die frühere Promenade, am Schloß- oder Herrngarten endete, wurden 1872–74 das ältere Gerichtsgebäude von den Architekten Eduard Köhler und Stephan Braden und 1903–05 das jüngere, der sogenannte Justizpalast, von Karl Hofmann und Thaler gebaut. Beide verband man mit einer Brücke, die im Volksmund sowohl die ›Seufzerbrücke‹ als auch lästerlich die ›höhere Beamtenlaufbahn‹ hieß. Mit dem älteren Neubau wurde das seitherige Gebäude des Oberappelationsgerichts an der Rheinstraße, das spätere Stadthaus, frei. In diesen beiden Neubauten waren bis 1945 sämtliche Darmstädter Justizbehörden untergebracht. Im Eckbau am Gericht hatte sich der Apotheker Fuchs eingerichtet.

Alle Gebäude brannten aus. Beim Wiederaufbau der Gerichte ging durch die aufgesetzten Stockwerke viel an Schönheit der für die Stadt repräsentativen Bauten verloren, insbesondere das stilvolle Mansarddach mit seinem turmartigen Aufbau am jüngeren Gerichtsgebäude. Die augenblickliche Restaurierung des älteren Bauwerks legt die Schaufassaden wieder frei, zerstört aber zugleich den vertrauten Efeubewuchs, der sich im Laufe mehrerer Jahrzehnte hieran festgeklammert hatte.
Längst sind Teile der Gerichtsbehörden wie die Staatsanwaltschaft in Neubauten ausgezogen. Bei der steigenden Kriminalität ist das nicht unverständlich. Heute befinden sich in den nunmehr alten Räumen nur noch das Amts- und das Landgericht sowie die Darmstädter Senate des Oberlandesgerichts. Besondere Beachtung verdient das erhalten gebliebene z. T. doppelläufige, festliche Treppenhaus des jüngeren Gerichtsgebäudes.

Hauptsynagoge Ecke Fuchs- und Friedrichstraße – Denkstein an die Synagoge im Garten der Städtischen Kliniken – Neue Synagoge und Judenschule in der Bleichstraße

Landgraf Ernst Ludwig gestattete 1695 durch eine im Druck verbreitete Verordnung der schutzbaren Judenschaft in der Landgrafschaft, wo mehr als zehn erwachsene jüdische Männer beisammen wohnen, am jüdischen Sabbat und an anderen Feiertagen im privaten Kreis israelitischen Gottesdienst abzuhalten. In Darmstadt fanden sie sich in einer ersten privaten Synagoge in der Kleinen Ochsengasse zusammen, zu der auch eine jüdische Schule gehörte. Seit 1707 wird eine erste Belegung des Bessunger Judenfriedhofs bezeugt. Durch die Eingliederung der Juden durch den Landgrafen Ludwig IX. und den Großherzog Ludwig I. gewann die jüdische Gemeinde zunehmend ihren eigenen, anerkannten Platz im Darmstädter Leben, dann und wann unterbrochen von antisemitischen Krawallen wie im Sommer 1819.

1874–76 konnte die jüdische Gemeinde ihre Hauptsynagoge Ecke Fuchs- und Friedrichstraße bauen, ein ein-

drucksvoller rechteckiger Kasten in romanisierenden und gotisierenden Formen zwischen mehreren minarettartigen großen und kleinen Turmkuppeln. Sie entstand in dem Stadtbezirk, wo besonders viele Juden wohnten. 1906 stellte daher auch Georg Wickop die Neue Synagoge in Formen des ausklingenden Jugendstiles in die Bleichstraße als Ersatz für einen älteren Bau der strenggläubigen orthodoxen Religionsgesellschaft; unmittelbar daneben befand sich die Judenschule. 1870 war die neue jüdische Glaubensgruppe gegründet worden; 1895 trennte sie sich vom liberalen Rabbinat der Religionsgemeinschaft.

In der Brandnacht vom 10. November 1938 gingen beide Synagogen und die Judenschule in Flammen auf; damit hatten die nationalsozialistischen Brandstifter ein Zeichen gesetzt, das den Untergang vieler deutscher und europäischer Städte, auch den Untergang des alten Darmstadts einleitete. Im Gedenken an diese Freveltat wurde ein Gedenkstein im Garten der Städtischen Kliniken aufgerichtet, wo einst die Hauptsynagoge stand. Über den Platz der Neuen Synagoge und der Judenschule rollt heute der Verkehr der hier verbreiterten Bleichstraße.

Blick auf Landesmuseum und Landestheater

Was das erste Luftbild dieser beiden Seiten von Darmstadt zeigt, gehört zu dem Schönsten deutscher Stadtkultur. Im Anfang des 18. und des 19. Jahrhunderts waren hier erste Voraussetzungen für ein geistiges Zentrum geschaffen worden. Es hätte in unserem Jahrhundert nur noch einzelner Maßnahmen bedurft, um daraus eine der großartigsten deutschen innerstädtischen Platzfolgen werden zu lassen. Diese begann entweder am Luisenplatz oder am Markt und führte weiter über den Ernst-Ludwigs-Platz zum Friedens- und Karolinenplatz. Damals hießen sie noch Parade- und Theaterplatz. Als eine Fortsetzung der Platzfolge konnte der Zugang zum Schloßgarten, der Platz vor dem Kleinen Haus des Landestheaters und der Schloßgraben gelten. Allein ein halbes Dutzend öffentlicher Gebäude mit qualitativ bemerkenswerter Architektur lagen im Blickfeld des Betrachters, so das Schloß, das Landesmuseum, das Große und das Kleine Haus des Landestheaters, das Zeughaus und die Technische Hochschule.

Eigentlich ist diese Platzfolge recht willkürlich gewachsen, nicht vorgeplant wie die Plätze auf Mollers Querachse entlang der Wilhelminenstraße. Zunächst war da der Freiraum zwischen Schloß und Schloßgarten mit wenigen attraktiven Wirtschaftsgebäuden am Platzrand. Dann wurde ein Zugang zum Opernhaus des Landgrafen Ernst Ludwig durch den Herrngarten nötig. Schließlich setzten J. M. Schuhknecht und J. J. Hill 1771/72 im Auftrage des Landgrafen Ludwig IX. ein Exerzierhaus mit einer Länge von 88 m und einer Breite von 44 m mitten in den Schloßgarten, dies so, daß davor genügend Raum zum Schloß hin frei blieb. Erst mit dem Bau des Mollerschen Hoftheaters und mit der Notwendigkeit, auch nördlich des Schlosses die Alte und die Neue Vorstadt sowie die Mollerstadt hier mit der übrigen Stadtanlage zu verknüpfen, wuchs das Bedürfnis, am Parade- und am Theaterplatz Platzfronten zu bauen oder mittels Grün abzugrenzen. Der Gedanke, das Ganze zu einer baulichen Einheit, zu einem geistigen, zu einem kulturellen Zentrum zu gestalten, ist im Laufe des 19. Jahrhunderts wiederholt aufgetaucht; aber damit begonnen wurde erst um die letzte Jahrhundertwende unter Großherzog Ernst Ludwig.

Blick vom Friedensplatz zum Landesmuseum und Landestheater

Eigentlich beginnt die Geschichte dieses Platzes mit dem Kleinen Haus des Hessischen Landestheaters, mit der alten Hofoper. Eine neue Periode im Darmstädter Theaterleben setzte mit dem Neubau des Hoftheaters 1818–20 von Georg Moller ein. Sie nahm ihren Anfang 1806 mit dem Auftreten der Liebhabergesellschaft des Franz Xaver Krebs, der eine Scheune der Alten Post am Weißen Turm als Logentheater ausbaute, dabei aber finanziell überzog, so daß der Großherzog zur Sanierung der Finanzen die Truppe als Grundstock seines künftigen Hoftheaters übernehmen mußte. Im 1810 renovierten alten Opernhaus dirigierte Carl Maria von Weber als Gast. Ab 1814 beschäftigte sich Moller mit Neubauplänen.

Auf Wunsch des Großherzogs sollte das Theater bis auf den Portikus äußerlich schmucklos sein. Innen schuf Moller, seinen Grundsätzen nach bürgerlicher Gleichstellung getreu, ein fast revolutionäres Rangtheater mit ca. 2000 Sitzplätzen. Zur Eröffnung dirigierte Großherzog Ludwig I. höchstpersönlich Mozarts Oper ›Titus‹; die Wahl dieser Oper war bereits Programm, eine Absage an den Absolutismus zugunsten von mehr Humanität. Mit Hofmusikdirektor Carl Amand Mangold setzte die bedeutsame Theatertradition in Darmstadt ein, die mehrere herausragende Perioden zu verzeichnen hat: mindestens drei im 19. Jahrhundert, zwei in unserem und eine letzte, bereits im Nottheater Orangerie unter Intendant Gustav Rudolf Sellner. Am 5. 10. 1871 brannte das Mollersche Hoftheater aus, wurde aber schon 1875–79 mit erhöhtem und vergrößertem Bühnenraum neu aufgebaut. Der berühmte Darmstädter Maschinenmeister Brandt, der auch Bayreuths Festspielhaus technisch eingerichtet hatte, sorgte für die Bühnenausstattung. 1904/05 kam es zu einer Hoftheaterrenovierung im Stil des Zeitgeschmacks durch die angesehenen Wiener Architekten Fellner und Helmer. Seit 1944 liegt es in Trümmern. Die Stadt sicherte es und erneuerte einen Teil der Fassade. Das Staatsarchiv bemüht sich, im ehemaligen Theater eine Bleibe zu finden.

Das Hessische Landesmuseum ergab mit dem Landestheater durch den sie beide optisch miteinander verbindenden Turm mit holländisch anmutender Haube und

Laterne sowie den barockisierenden Kupferdächern des Gebäudes einen Zweiklang von hoher Harmonie. Das ›Großherzogliche Museum‹ wurde an der Stelle des Zeughauses nach einem 1892 durchgeführten Wettbewerb mit unbefriedigendem Ergebnis durch den aus Darmstadt gebürtigen Architekten Alfred Messel in Zusammenarbeit mit Ludwig Hoffmann 1896–1906 errichtet. In Alfred Messel hatte Großherzog Ernst Ludwig den kongenialen Baumeister für seine Sammlungen gefunden. Messel gelang es, das dazu passende Gehäuse zu schaffen. Durch eine festliche Vorhalle gelangte man zum Kunst- und Naturalienkabinett, zum römischen Bad, in die Sammlung alter Glasfenster oder aus der hessischen Geschichte und schließlich in die bedeutende Gemäldegalerie. Die Bestände des im Krieg schwer beschädigten Museums wurden durch seinen Hausmeister Philipp Handschuh vor der Verschleppung bewahrt. Unter Direktor Erich Wiese wurde es bereits in den fünfziger Jahren wieder eröffnet. Sein Nachfolger Gerhard Bott hat vor allem die Jugendstilsammlung vervollkommnet. Heute zählt es zu den meist besuchten deutschen Museen. Dennoch erscheint eine Reorganisation nach dem Konzept Messels und Wieses nötig, wenn der 1980 begonnene Neubau für Moderne Kunst bezogen werden kann.

Erweiterungsbau der T.H. Darmstadt und Kleines Haus

Seit 1901 war der Architekt und Hochschullehrer Georg Wickop zugleich Baudirektor der Technischen Hochschule. Zwischen den Altbauten und dem Kleinen Haus des Landestheaters fügte er geschickt einen Erweiterungsbau mit Büros und Zeichensälen ein, in denen sich barocke Formen mit denen des Jugendstils zu einer eigenständigen Sachlichkeit mischen, wie man ihnen auch bei anderen Bauwerken Wickops begegnet, beispielsweise im Maschinenhaus der T.H. an der Magdalenenstraße.
Das durch den Krieg verschwundene Kleine Haus des Landestheaters hatte sich aus einer Reithalle des 17. Jahrhunderts entwickelt. Hierher verlegte man immer häufiger das episodische Theaterspiel im Schloß. Auf den in landgräflichen Diensten ergrauten Wolfgang Briegel folgte 1709 als neuer Leiter der Hofkapelle Christoph Graupner. Georg Philipp Telemann rühmte ihren hohen Stand und holte sie sich mehrfach nach Frankfurt. Mit Graupners Amtsantritt wurde gleichzeitig der von Louis Remy de la Fosse betriebene Umbau der Reithalle in ein Hof-

opernhaus als Logentheater fertig und 1711 mit Fénélons Oper ›Telemach‹ eingeweiht. Von 1712–18 unterhielt Landgraf Ernst Ludwig ein aus einer französischen Truppe gebildetes, stehendes Theater, konnte aber schließlich die Kosten dafür nicht mehr aufbringen. Im Sommer 1768 kam es unter dem Landgrafen Ludwig VIII. zu einem Neubeginn mit der Gottsched und Goldoni spielenden Truppe des Schauspielers Johann Martin Leppert. Von nun an spielten nacheinander mehrere Theatergruppen in Darmstadt. Für das Hofopernhaus wurde eine ›Allgemeine Theaterordnung‹ erlassen, die auch dem ehrbaren Bürger einen angemessenen Platz im Theater einräumte.

Unmittelbar hinter dem Kleinen Haus hatte 1920 die T.H. ihren akademischen Festsaal, die Otto-Berndt-Halle, gebaut. Beide Gebäude gingen im Krieg unter. Als Mensa erstand die Otto-Berndt-Halle neu. Dagegen trat an die Stelle des Theaters das neue Verwaltungs- und Vorlesungsgebäude der T.H. mit Rampen, Terrassen und einem Innenhof, der durch ein Wasserbecken bereichert wird.

Alexanderstraße in der Alten Vorstadt

Mit der Erhebung Darmstadts zur hessischen Residenz brauchte sie ein Wohngebiet für die Hofbeamten. Seit 1582 begann der Ausbau der Alten Vorstadt durch die Architekten Jakob Kesselhuth, Jakob Wustmann, Martin Kersten und Seyfried Pfannmüller. Zunächst fing man mit der Bebauung des Ballonplatzes an, auf dem sich die Hofgesellschaft zum Ballspiel traf; durch das Jägertor wurde er in Richtung Dieburg abgeschlossen. Wenig später setzte der Ausbau der Magdalenenstraße ein; sie erhielt 1604 das Sporertor in Richtung Arheilgen als Abschluß. Erst 1678–87 vollzog man den Anschluß der Alten Vorstadt mit dem Schloß und der Altstadt durch die Bebauung des Birngartens, der heutigen Alexanderstraße. Den Ballonplatz und die Straßen in der Alten Vorstadt bepflanzte man mit Linden. 1823 entstand am Ballonplatz mit dem Bau der Ballonschule Darmstadts erste bis kurz vor dem Zweiten Weltkrieg bestehende Stadtschule.

Die Häuser in der Alexander- und der Magdalenenstraße gehören alle zu aus der Renaissance hergeleiteten barokken Typen mit Schweifgiebeln und breiten Toreinfahrten sowie angefügten kleineren Nebengebäuden als Pferdestallung und Wagenremise für die eigene Kutsche.

In der Biedermeierzeit wurde eine Hausgruppe in der unteren Alexanderstraße und in der Gründerzeit ein gegenüberliegendes Haus sowie die Westseite der Magdalenenstraße abgebrochen und durch Neubauten ersetzt. In die Magdalenenstraße, wo bereits eine Kaserne eingefügt worden war, drängte sich bald die Technische Hochschule, die auch 1939 den Ballonplatz für das heute noch bestehende Institut für Cellulose-Chemie als Bauplatz beanspruchte.

Bis auf wenige Häuser am Ballonplatz und der Magdalenenstraße fiel das übrige Ensemble den Brandbomben zum Opfer. Am Ballonplatz hat man eine Häusergruppe restauriert. Mit der Wiederherstellung der Ostseite der Magdalenenstraße soll in Kürze begonnen werden.

Alte Technische Hochschule an der Hochschulstraße

1812 wurde eine Bau- und 1826 eine Realschule sowie 1836 eine Höhere Gewerbeschule als allgemein technische und polytechnische Lehranstalt in Darmstadt gegründet. Zunächst unterrichtete man in dem von Balthasar Harres errichteten Schulgebäude am Kapellplatz. Seit 1867 befaßte man sich mit Ausbauplänen, die 1877 zur Umwandlung der Anstalt in eine Technische Hochschule führten. Mit den steigenden Studentenzahlen, vor allem seit der Lehrtätigkeit des Elektrotechnikers Prof. Erasmus Kittler, und der Ausweitung des Lehrangebots wurde das alte Gebäude zu klein. Von 330 Studenten im Jahre 1890 stieg ihre Zahl auf 1500 im Jahre 1900 und auf 3000 im Jahre 1920.

Der Großherzog stellte für einen Hochschulneubau einen Teil des Meiereigeländes und ein Stück des Schloßgartens zur Verfügung. Heinrich Wagner baute 1893–96 das Hauptgebäude in dem damals üblichen Repräsentativstil unter Verwendung von Hau- und Klinkersteinen und mit einem Mittelrisalit aus Freitreppe, Säulen und reliefgeschmücktem Giebeldreieck. Ihm gegenüber errichtete Erwin Marx die stilistisch gut aufeinander abgestimmten Gebäude für das chemische, physikalische und elektrotechnische Institut. Zwischen den anfangs freistehenden Institutsgebäuden fügte Friedrich Pützer 1904 einen Hörsaaltrakt ein, vor den er einen die Gebäudegruppe verklammernden Turm mit einer eigenartigen, dem Jugendstil verwandten Bekrönung stellte.

Die im Zweiten Weltkrieg erheblich beschädigten Gebäude wurden nach und nach wiederhergerichtet und zum Teil ungeschickt ergänzt. Noch immer wartet der Turm auf seine Bekrönung. 1945 wurde die T.H. mit 1000 Studenten wiedereröffnet; heute hat sie beinahe 12000 Studenten, die allerdings größenteils in den Neubaugebieten der Hochschule unterrichtet werden.

Blick vom Gericht in die Frankfurter Straße

Bis in die Mitte des 19. Jahrhunderts reichte Mollers Neustadt aus, die Zuwanderung in die Stadt aufzunehmen. Mangels geeigneter Tore wuchs die Stadt überwiegend nach Westen, kaum nach Osten. Das änderte sich mit der beginnenden Industrialisierung nach 1871. Die in Bahnhofsnähe angesiedelten Industriebetriebe zogen Arbeitskräfte aus dem Umland an, für die neuer Wohnraum zu beschaffen war. Neben der Arbeiterschaft bildete sich in Darmstadt eine breitere bürgerliche Mittelschicht, die nach Mietwohnungen drängte, und eine solche aus wohlhabenden Bürgern, die nach Bauland für ihre mehr oder weniger aufwendigen Villen suchte. An den Ausfallstraßen, so an der Frankfurter Straße, gegenüber dem Schloßgarten, schossen sozusagen die ersten Mietshäuser aus dem Boden. Daran schloß sich seit 1872 das sehr eindeutig nach einheitlichem Plan der Terrain- und Immo-

biliengesellschaft Blumenthal und Cie entwickelte Johannesviertel; sie gingen von den städtebaulichen Vorstellungen Camillo Sittes aus und gestalteten dreigeschossige Straßenfluchten mit Baumalleen oder Vorgärten davor und mit fast hinterhausfreien, gut durchgrünten Blockinnenhöfen. An bestimmten Stellen erweiterten sie die Straßen zu geometrischen Plätzen. Je weiter die Bebauung fortschritt, desto stärker wandten sie sich von Mollers klassizistischen Vorgaben ab und historisierenden Bauformen zu. Im Zentrum bauten schon 1873/74 die Architekten Linnemann und Strigler einen repräsentativen Wohnblock als Platzwand, den die Darmstädter stolz den ›Louvre‹ nannten. Auf dem dreieckigen Platz davor wurde 1893/94 von den Architekten F. von Schmidt und K. Schwarze die neugotische Johanneskirche errichtet, die dem bislang nach Blumenthal genannten Viertel den endgültigen Namen gab. Der Zweite Weltkrieg hat die Substanz des Johannesviertels unangetastet gelassen.

Martinskirche am Riegerplatz

Schon sehr früh standen die ersten Häuser des Martinsviertels. Die am Kantplatz, der T.H. gegenüber beginnenden Straßen, die Arheilger- und die Bangertsgasse, führten in eines der ältesten Darmstädter Stadtviertel, dem Dörfchen in Karlsruhe vergleichbar. Hier teilte der Landgraf seit dem 17. Jahrhundert seinen Soldaten und Veteranen sowie deren Witwen, worauf der Name Gardistenstraße hinweist, Baugrund und etwas Land für eine kleine eigene Landwirtschaft zu; hier standen auch die Zehntscheunen. Heute tragen die Gassen zwar alle Straßennamen; aus der Bangertsgasse, die auf einen Baumgarten hindeutet, wurde im 19. Jahrhundert sogar eine Pankratiusstraße. Aber so manches Soldaten- oder Gardistengehöft steht noch. Daran schloß sich ein Gartenviertel mit zahlreichen Gartenhäusern; am berühmtesten ist das Anfang des 17. Jahrhunderts von Jakob Müller erbaute und 1978/79 von Johannes Sommer restaurierte Achtekkige Haus des Kanzlers Wolff von Todenwart in der Mauerstraße.

In Anlehnung an den bereits vorhandenen Baubestand entwickelten sich erste Bauzeilen entlang der Heinheimer- und Lauteschlägerstraße. Im Jahre 1884/85 wurde die von dem Germanisten Max Rieger gestiftete und von dem aus Kopenhagen gebürtigen Architekten Aage von Kauffmann entworfene Martinskirche gebaut, von der das Viertel seinen Namen bezog. Nachdem das Johannesviertel bis um 1900 weitgehend überbaut war, wurde nunmehr im Martinsviertel verstärkt gebaut, z. T. mit recht pompösen Fassaden, teilweise aber auch in einer gut aufeinander abgestimmten Ausbildung der Straßenfluchten aus meist viergeschossigen Mietshäusern. Durch die Boden- und Bauspekulation wurden viele Baublöcke, besonders in den neueren Straßenzügen, mit Hinterhäusern richtiggehend zugepflastert, was heute, da das Martinsviertel weniger zerstört worden ist, zu schwierigen Blocksanierungen führt. Die Martinskirche selbst brannte aus; doch wurde ihr Wiederaufbau in den Grundzügen dem alten Kirchengebäude angepaßt. Das Martinsviertel, dessen am Rhönring gelegener Teil in den Jahren 1904 bis 05 in den Geruch eines Hypothekenfriedhofes kam, sollte nach 1945 als Straßendurchbruch die Arheilger Allee oder Osttangente verkraften. Sie war gedacht, den Nordsüdverkehr, der z. Z. durch die dicht besiedelte und enge Heinheimer Straße fährt, aufzunehmen. Inzwischen sind die erfolgten Abbrüche an Altbausubstanz, die größtenteils qualitativ nicht wertvoll war, zum Problem geworden, zu Freiflächen, die neue Planüberlegungen erfordern.

Blick von der Kasinostraße auf den Rhönring

Nach dem Ersten Weltkrieg baute man das Martinsviertel weiter aus. Am Rhön- und Spessartring hatten französische Kriegsgefangene den alten Bahndamm abgetragen. Seit 1924 ließ der damalige Stadtbaurat und spätere Bürgermeister August Buxbaum die gesamte zwei Kilometer lange nördliche Straßenseite unter gleichzeitiger Pflanzung einer Kastanienallee bebauen. Unter seiner Hand entstand mit diesen städtischen Häusern ein einmaliger Straßenzug, den er an zwei Stellen, am Hahne-Schorsch- und am Washington-Platz, aufweitete. Er endete in einer kleinen terrassierten Grünfläche, der heute nach ihm benannten August-Buxbaum-Anlage. Vor dem Krieg war die Ringstraße, was der Brunnen Ecke Kasinostraße und Frankfurter Straße bezeugt, eine ruhige Wohnstraße. Heute ist der Rhön- und Spessartring ein durchgehend überlasteter Verkehrsweg und so als Wohnstraße fragwürdig geworden. An eine Umlenkung des Verkehrs wird zwar gedacht; aber noch konnten sich Darmstadts Politiker und Planer auf keine Trasse einigen.

Sozialer Wohnbau an der Landgraf-Georg-Straße

Mit Blick auf den Großen Woog, Darmstadts Badesee, entstanden gegen Ende der zwanziger Jahre verschiedene soziale Wohnblocks im Stile der Wiener Großanlagen, so am Ostbahnhof von August Buxbaum und das hier gezeigte, graziös über Eck gestellte und leicht erhöhte Wohngebäude Ecke Landgraf-Georg-Straße und Dreibrunnenstraße. Leider hat der Krieg gerade dieses Wohngebäude weitgehend zerstört. Beim Wiederaufbau ging man sparsam mit Finanzen und Baumaterial um und verzichtete auf jeglichen Schmuck. So blickt das neue Gebäude etwas nüchtern auf die heute sehr verkehrsreiche Landgraf-Georg-Straße, kein überzeugender Blickfang mehr, der die Biegung dieses hier sehr breiten Verkehrswegs auffängt. Ähnlich gestaltet war ein Baublock an der Biegung Bessunger Straße–Ludwigshöhstraße von Albin Müller. Andere Wohnbauten aus der Zeit um 1930, so am Friedrich-Ebert-Platz, in der Bessunger Straße, am Haardtring in Richtung Südbahnhof, hielten sich stilistisch an die Frankfurter Großsiedlungen von Ernst May.

Hochzeitsturm, Ausstellungsgebäude und Russische Kapelle in der Künstlerkolonie

Die Mathildenhöhe, der einstige Wingertsberg, war eine der Kuppen im Stadtgebiet, auf der Gehölze wuchsen und Weinreben gediehen. Im frühen 19. Jahrhundert wurde auf ihr ein Park für die damalige Erzgroßherzogin Mathilde angelegt. Auf diese Zeit geht der ursprüngliche Platanenhain zurück. 1877 erlaubte der Großherzog der Stadt, ihr Hauptwasserreservoir durch den Berliner Oberbaurat James Hobrecht am höchsten Punkt des Parks anlegen zu lassen. 1883/84 wurde ein Parkteil an der Dieburger Straße mit dem Alicehospital bebaut. 1892 entstand am entgegengesetzten Parkrand die Stiftskirche. Anläßlich der Hochzeit der Prinzessin Alix mit Zar Nikolaus II. errichtete 1897 der Petersburger Hofarchitekt Leontis Nicolai Benois auf mitgebrachter russischer Erde die russisch-orthodoxe Kirche.
Um die Jahrhundertwende leitete der Großherzog Ernst Ludwig eine von tiefem Ernst getragene Entwicklung ein, die auf eine Erneuerung der Kunst und auf zukunftsweisende Bau- und Wohnformen zielte. Alle Künste und Handwerke sollten eine Einheit bilden. Dazu berief Ernst Ludwig eine Künstlergruppe, überwiegend Vertreter des Jugendstils, nach Darmstadt, deren Primas sehr bald Joseph Maria Olbrich wurde. Schon 1898 wurde eine Kunst- und Kunstgewerbeausstellung in der Darmstädter

Kunsthalle veranstaltet. Veröffentlichungen in Alexander Kochs Zeitschrift ›Kunst und Dekoration‹ bereiteten weiterhin den Boden. In den Jahren 1900/01 konnte Olbrich das Atelierhaus, das spätere Ernst-Ludwig-Haus, aufführen. 1901 fand mit Unterstützung des Großherzogs und der Stadt die erste große Ausstellung ›Ein Dokument Deutscher Kunst‹ statt, zu der jeder Künstler sein eigenes Haus bauen und für die Ausstellungsdauer dem Publikum zugänglich machen sollte.

Nur wenige Künstler wie Olbrich, Behrens und Habich hatten die Mittel zur Verfügung, die Häuser im Eigentum zu behalten und längere Zeit zu bewohnen. Das billigste Haus kostete damals 75 000 Goldmark, das teuerste von Peter Behrens 200 000. Der Großherzog, Stadt und Künstler wagten 1904, 1908 und 1914 weitere Ausstellungen. Zur dritten Ausstellung 1908 ließ der Großherzog von Olbrich das Ausstellungsgebäude erbauen und mit einer Pergolenarchitektur umgeben. Damit gewann der anläßlich der Hochzeit von Ernst Ludwig mit Eleonore von Solms-Hohensolms-Lich im Jahr 1905 von der Stadt an sein Fürstenhaus geschenkte Hochzeitsturm seinen baulichen Rückhalt. Olbrich und später Buxbaum führten ihn 1906–1908 nach langen Auseinandersetzungen um seine Gestalt entsprechend dem Wunsch des Großherzogs hoch, der eine mahnende Hand haben wollte. Der Hochzeitsturm wurde zum dritten Darmstädter Wahrzeichen neben Monument und Glockenspiel.

Dreihäusergruppe im Prinz-Christians-Weg

Bescheidener, bürgerlicher als die kostspieligen Künstlerhäuser der ersten Ausstellung war die Dreihäusergruppe ausgefallen, die Olbrich anläßlich der Ausstellung von 1904 im Prinz-Christians-Weg errichtete; nach der Kriegszerstörung sind sie leider nur sehr entstellt wiederhergerichtet worden. Von Ausstellung zu Ausstellung ist eine Demokratisierung in den Wohnbauten festzustellen. 1901 handelte es sich um höchst anspruchsvolle Künstlerhäuser, 1904 um Villen für den Mittelstand, 1908 um Arbeiterhäuser und 1914 um Mietwohnungen in Etagenhäusern.

Im Zweiten Weltkrieg blieben nur Ruinen von der Künstlerkolonie auf der Mathildenhöhe übrig. Der Stadt Darmstadt kommt das Verdienst des teilweisen Wiederaufbaues dieser kostspieligen Bau- und Parkanlage zu. G. Grzimek gestaltete die verbindenden Grünflächen neu. Mehrere Institutionen haben hier angemessene Räumlichkeiten gefunden, wie die Akademie für Sprache und Dichtung, der Deutsche Kunstrat, der Rat für Formgebung, die Martin-Behaim-Gesellschaft und das Poleninstitut. Das Bauhausarchiv hat den Kunsthügel der besseren Konditionen wegen zugunsten Berlins verlassen.

Blick in die obere Wilhelminenstraße mit dem Prinz-Carl-Palais

Entlang der Bergstraßenterrasse zwischen Darmstadt und Bessungen, dort, wo das Klima für den Obst- und Weinbau, aber auch für die Aufzucht fremdländischer Bäume und Sträucher optimal war, erstreckten sich seit dem 18. Jahrhundert mehrere große Parks der Hofgesellschaft. Zweifellos am bedeutendsten waren der zeitweilig als Botanischer Garten genutzte Park an der Hügelstraße, in den 1864/65 das Neue Palais hineingestellt wurde, sowie der Riedeselsche und der Mosersche Garten. Diesen Parkanlagen parallel führte Georg Moller die obere Wilhelminenstraße als Allee und neuen Zugang nach Bessungen. Sie wurde zu einer der vornehmsten Wohnstraßen Darmstadts. Er selbst errichtete hier um 1834 das dreigeschossige Prinz-Carl-Palais, die heutige Landesversicherungsanstalt, für den Bruder Ludwigs II. Schon kurz nach 1900 und nochmals 1927 wurde das Palais zum Verwaltungsgebäude umgebaut und erweitert, also wesentlich verändert.

Von der Wilhelminenstraße oberhalb des Hanges und der darunter vorbeiführenden Heidelberger Straße ging seit Mitte des 18. Jahrhunderts die Erschließung des Baugebiets zwischen dem Neuen Palaisgarten im Norden und dem Moserschen- oder Prinz-Emils-Garten im Süden aus. Ähnlich wie später auf der Mathildenhöhe wurden auch hier die früheren Parks, vor allem der Riedeselsche, weitgehend aufgesiedelt. Doch blieben viele prächtige Bäume bis zum Angriff im Zweiten Weltkrieg erhalten. Deshalb war dieses stadtnahe Wohngebiet, zumal es in Nachbarschaft der neuen großherzoglichen Wohnung im Neuen Palais lag, als sogenanntes Diplomatenviertel mit besonders prunkvollen Gebäuden ausgestattet.

In der vom Krieg total zerstörten Wilhelminenstraße klingt auch nach dem Wiederaufbau die alte Vornehmheit an; selbst im stark veränderten Prinz-Carl-Palais kann man noch die ursprüngliche Form erkennen.

Heylshof in der Weyprechtstraße

In der zweiten Hälfte des 18. Jahrhunderts hatte der Geheime Rat Volprecht Riedesel von Eisenbach aus dem Vogelsberg einen großen Park anlegen lassen, einen Landschaftsgarten mit Meierei, Orangerie und zahlreichen Szenerien. Er erstreckte sich von der Heidelberger Straße bis zur Wilhelminenstraße. Während des 19. Jahrhunderts wurde der nach ihm benannte Riedeselberg als Diplomatenviertel einer aufgelockerten Bebauung zugeführt, unter Einhaltung einiger wertvoller Parkteile, die, in Privatgärten kleineren Ausmaßes einbezogen, noch lange von seiner Schönheit zeugten.

In der Weyprechtstraße besaß der General Maximilian von Heyl, der mit der gleichnamigen kunstsinnigen Familie von Heyl in Worms verwandt war, ein stattliches Haus, das er 1890 durch den Münchner Architekten Gabriel von Seidl aufführen ließ. So wie der Heylshof in Worms noch heute eine hervorragende Kunststätte ist, so wäre es wahrscheinlich auch das Darmstädter Haus Heyl geworden, hätte nicht der Zweite Weltkrieg das gesamte Anwesen ausgelöscht.

Mit dem Ende des Ersten Weltkriegs ging der Charakter des vornehmen Darmstädter Diplomatenviertels verloren; Darmstadt war nicht länger Residenz. Am Ende des Zweiten Weltkriegs wurden hier, zwischen der Heidelberger Straße und der Wilhelminenstraße, sämtliche Häuser zerstört. Nur einzelne Tore, Bäume und Gebäudereste haben die Verwüstung überlebt.

Zwischen den nüchternen Sozialbauten von heute erinnern nur noch der eine oder der andere Baum an die frühere neubarocke Herrlichkeit des Heylschen Anwesens aus Bau- und Bildwerken und einem fast verwunschenen Garten, in dessen Mitte ein Teich wie in einem eleganten Freiluftsalon lag. Dieser Park hätte für so manchen Darmstädter Garten des 19. Jahrhunderts stehen können.

Städtischer Saalbau Ecke Saalbau- und Riedeselstraße

Im Lauf des 19. Jahrhunderts erforderten die vielen Vereinsgründungen und deren reges gesellschaftliches und künstlerisches Leben sowie das steigende Bedürfnis nach Bällen und Festen neue Säle, die nicht mehr allein im Hoftheater und in den Adelspalais oder im Haus der Vereinigten Gesellschaft Ecke Rhein- und Neckarstraße verfügbar waren. Insbesondere fehlte ein Raum für Konzerte und für ein vom Hoftheater unabhängiges Bühnenspiel. Auch die wachsende Industrie verlangte nach größeren Kongreßräumen. Vor allem mangelte es an einem großen Saal mit Nebenräumen.

Darmstadts Vereinsleben war schon im 19. Jahrhundert stark ausgeprägt; es umfaßte ein breites Spektrum, so wissenschaftliche, künstlerische, literarische, gewerbliche und gesellschaftliche Vereine wie der Historische Verein für das Großherzogtum Hessen, der Instrumental-, der Musik- und der Mozartverein und die Fastnachtsvereinigung der Narhalla. Arbeiter-, Bildungs-, Gesangs-, Sozial- und Turnvereine fehlten ebenso wenig und hatten z. T. beachtliche Mitgliederzahlen.

So beschloß die Stadt Darmstadt die Errichtung des Saalbaues auf Aktienbasis, der 1872/73 von Architekt E. Harres mit einem 900 Sitzplätze umfassenden Hauptsaal erbaut wurde. Erst 1890 übernahm ihn die Stadt.

Seitdem war der Städtische Saalbau bis zu den Luftangriffen des Zweiten Weltkriegs einer der wichtigsten gesellig-kulturellen Mittelpunkte der Stadt. In ihm wurden nicht nur Ausstellungen und Bazare sowie Kappenabende und Militärmusiken abgehalten, sondern auch zahllose Vereinsveranstaltungen in bunter Reihe, beispielsweise das eine Mal Schauturnen und das andere Mal Philharmonische Konzerte und Kammermusiken, z. B. durch den Instrumental-, den Mozart-, den Musik- oder den Richard-Wagner-Verein. Den Turn- und Sportvereinen standen neben dem Saalbau andere Räumlichkeiten durch den verstärkten Bau von Turnhallen und Sportanlagen wie der bereits 1866 errichteten Woogsturnhalle in Darmstadt zur Verfügung.

Was den Saalbau so attraktiv machte, war nicht nur seine große Bühne und vielseitige Ausstattung bis hin zu einer Küche, sondern auch seine Lage inmitten eines schattigen Gartens. In ihm konnten ohne allzu große Vorbereitungen größere Gartenfeste veranstaltet werden. Auch eignete sich der Städtische Saalbau für große Bälle. Darmstadts Bürger haben schon immer gern getanzt.

Im Saalbaugarten war ein letzter Überrest des einst weitläufigen Riedeselschen Landschaftsparks der Öffentlichkeit zugänglich.

Heute findet man hier überwiegend langweilige Wohnstraßen. Sie wirken in der Regel nur durch die wenigen, im Krieg nicht verbrannten oder nach ihm wieder reichlich nachgepflanzten Bäume in den Gärten der Privatvillen und den Freiflächen zwischen den Mietshäusern des sozialen Wohnungsbaues erträglich. In einigen Straßen wie der Goethestraße hat sich dadurch der alte Charakter annähernd wieder durchgesetzt.

Blick von der Ludwigshöhstraße zur Bessunger Petruskirche

Obgleich auch heute noch die Gemarkungsgrenze zwischen Darmstadt und Bessungen mitten auf der Heinrichstraße verläuft, fällt dies kaum einem Einheimischen auf, weil die Stadt schon vor der letzten Jahrhundertwende über diese Grenzlinie hinausgewachsen ist, als hätte es sie nie gegeben. Straßenzug um Straßenzug dehnte sich Darmstadt in der gleichen Bauweise über die Heinrichstraße hinweg auf das Bessunger Gebiet aus.
Dennoch unterscheidet sich der heutige Stadtbezirk Bessungen von den anderen innerstädtischen Stadtvierteln Darmstadts: es hat einen eigenen Ortskern zwischen Kirche und Forstmeisterplatz mit alten Gehöften und manch schönem Fachwerkhaus.
Wahrscheinlich gab es am sich nach Norden hin verflachenden Bergstraßenhang in Bessungen schon stein- und bronzezeitliche Siedlungen, denn es ist ein altes offenes Land mit der Möglichkeit einer leichten Wegführung und einer ausreichenden Wasserversorgung aus den nahen Wäldern. Auch in römischer Zeit dürften sich hier wie in Darmstadt selbst keltische Niederlassungen und römische Höfe befunden haben, zumal die römische ›Strata montana‹ durch Bessungens Gemarkung mitten hindurchführte. Das heutige Dorf – so nimmt man an – sei, wie auch der Name beweise, eine alemannische Gründung, die wahrscheinlich unter römischer Schutzhoheit stand. Die elbgermanischen Alemannen waren zumindest eine Zeitlang im Dekumatenland Verbündete der Römer. Früh müssen auch die Franken an dem günstigen Landstrich Wohlgefallen gefunden haben. In der Nähe des Forstmeisterplatzes wurde ein fränkischer Friedhof geortet.
Anfangs des 8. Jahrhunderts hatte sich die fränkische Staatsgewalt im Rhein-Main-Gebiet konsolidiert. Die Bessunger Mark unterstand der königlichen Fiskalverwaltung. Eine Grafschaft Bessungen wird als Zubehör des königlichen Hofes in Gerau erwähnt. Um das Jahr 1000 war sie ein fester Bestandteil des von Vilbel bis Eberstadt reichenden Wildbanns Dreieich mit verschiedenen Wildhuben im Darmstädter Gebiet, unter anderem in Arheilgen und Darmstadt. Ab dem 11. Jahrhundert wurde es zeitweilig dem Wildbann Forehari zugeschlagen, der westlich der Bergstraße lag und dessen Schwerpunkt die Abtei Lorsch war.
Auch die Katzenelnboger Grafen tasteten die Vorrangstellung des gräflichen Hauptorts Bessungen nicht an. Kirchlich blieb die 1002 erstmals genannte Bessunger Johanneskirche bis 1369 die Darmstädter Mutterkirche. Erst dann wurde Darmstadts Marienkapelle als Filialkir-

che herausgelöst und zur selbständigen Gemeinde. Zu Bessungen hatten auch die schon im späten Mittelalter nicht mehr nachweisbaren Dörfer oder Siedlungsplätze Klappach und Scheftheim gezählt. Heute ist Petrus der Kirchenpatron. Um die Jahrhundertwende ist die Bessunger Kirche im Geiste des Jugendstils renoviert worden; dabei entstand der kreuzgangartige Zugang zur Kirche. Das in der Ludwigshöhstraße gelegene Fachwerkhaus hat der Architekt Jürgen Rittmannsperger 1980 vor dem Verfall gerettet und zum Aushängeschild seines dort untergebrachten Büros gemacht.

Forstmeisterhaus in Bessungen

Bessungens Einwohner lebten nicht wie die Arheilger oder Eberstädter nur vom Acker- und Obstbau und vom Mühlengewerbe, sondern in sehr viel stärkerem Maße vom ausgedehnten Waldbesitz und Weinbau, der sich in guten Zeiten bis auf die Höhe des heutigen Friedhofs an der Nieder-Ramstädter-Straße ausgedehnt hatte. Zwar waren sie nicht so von der Jagdleidenschaft der Landesherrn geplagt wie die Darmstädter und die Arheilger; dennoch spielte die Jagd auch für die Bessunger Gemarkung keine untergeordnete Rolle.
Die hessische Jagdtradition geht bis auf die Grafen von Katzenelnbogen zurück. Das erste und zugleich bedeutendste Jagdschloß errichtete Georg I. nordöstlich von Darmstadt auf einem Besitz, der schon damals den Namen Kranichstein trug. 1708 führte der Landgraf Ernst Ludwig am Darmstädter Hof die Parforcejagd ein, die kunstvolle Form der in Frankreich schon seit dem Mittelalter beliebten Hetzjagd. 1701–1702 entstand unter diesem Landgrafen der Neue Fürstenhof am Friedensplatz, der ursprünglich nicht für Jagdzwecke bestimmt war. Eigentlich hatte es der Landgraf als Wohnhaus für sich und seine Familie errichten lassen; 1708 überließ er es der Parforcejägerei, wodurch es Französisches Jagdhaus genannt wurde. Nach dem Umzug der Jäger in den Bessunger Jagdhof 1725 wurde es für die Gräfin Spiegel, die Mätresse des Landgrafen, eingerichtet. Im Bessunger Parforcehof fand der Landgraf großzügige Unterbringungsmöglichkeiten für die zahlreichen Jäger, Pferde und Hunde. Schon um 1709 hatte er mit den Um- und Ausbauarbeiten in Bessungen begonnen, die zu einer umfangreichen Anlage führten, von der heute nur noch wenige Gebäude stehen, unter anderem das Forstmeisterhaus am Forstmeisterplatz. Dieser Teil der Gebäudegruppe wurde 1979/80 von der Stadt Darmstadt wiederhergestellt; er wird als Kinderhort und als Seniorentreff genutzt.

Blick vom Orangeriegarten auf das Orangeriegebäude

Auf dem Gelände des vom Landgrafen Ernst Ludwig 1714 erworbenen Harnischhofes, der bis zu diesem Zeitpunkt dem Kriegsrat von Kametzky gehört hatte und der etwa 300 Morgen Land umfaßte, plante Louis Remy de la Fosse eine weitläufige Orangerie mit Garten. 1715 regte er an, überhaupt auf den Wiederaufbau des abgebrannten Stadtschlosses zu verzichten und einen Neubau in der Orangerie anzulegen. Von den zwei geplanten Orangeriegebäuden wurde nur das nördliche fertig. Eine auf der oberen Terrasse ins Auge gefaßte Residenz kam nicht zustande. Mit der künstlerischen Ausgestaltung waren der Hofbildhauer J. W. Eckard und der Steinmetz J. Ammon befaßt. Die Gartenanlagen legte der kurpfälzische Gärtner Caspar Ehret an, wahrscheinlich nach de la Fossens Plan. Nachdem 1776 das Orangeriehaus abgebrannt war, wurde es von J. M. Schuhknecht und J. J. Hill erneuert und mit dem etwas zu schweren Dach versehen.
Der Orangeriegarten hatte eine wechselvolle Geschichte. Gerade noch rechtzeitig kam der Landgraf Ludwig IX. aus Pirmasens nach Darmstadt auf Besuch, um die Umgestaltung der Orangerie in einen englischen Park zu verhindern. Im 18. Jahrhundert mußten sich die Garteninspektoren des öfteren über die im Garten exerzierenden Soldaten und Bürgerwehren beschweren. Eine späte Blütezeit erlebte die Orangerie während der Gartenbauausstellungen 1905, 1925 und 1935.
Da im Zweiten Weltkrieg das Orangeriegebäude unzerstört blieb, wurde in ihm 1945 das Landestheater Darmstadt wiedereröffnet. Allerdings mußte man Anbauten anbringen und die Fenster vermauern. In dieses Haus strömten während der für die Darmstädter Theatergeschichte einzigartigen Periode der Intendanz Gustav Rudolf Sellners Menschen aus nah und fern zusammen, um dessen wegweisende Inszenierungen zu sehen und zu hören. Durch den Architekten Johannes Sommer wurde das Orangeriegebäude in der Mitte der siebziger Jahre gründlich restauriert; in ihm brachte er einen Versammlungs- und Konzertsaal und im angebauten klassizistischen Gewächshaus ein Restaurant unter.

Blick von der Wienerstraße in die Heinrichstraße

Entlang der Gemarkungsgrenze zwischen Darmstadt und Bessungen wurde nach 1870 eine der längsten Straßen im heutigen Stadtgebiet angelegt. Sie war als Wohnstraße gedacht. Der damals noch schwache Verkehr in Richtung Roßdorf benutzte die neu ausgebaute Roßdörfer Straße. Während auf beiden Seiten der Heinrichstraße die gleichen Architekten bauten, gab es, solange Bessungen selbständig war, einen grundlegenden Unterschied. Auf Darmstädter Gebiet wurde nach und nach die Wasserleitung, Kanalisation und Straßenbeleuchtung verlegt, auf dem Bessunger dagegen nicht. Dafür waren die Bessunger Gemeindesteuern niedriger. Das änderte sich erst mit der 1888 erfolgten Eingemeindung Bessungens nach Darmstadt in beiderseitigem Einvernehmen. Innerhalb weniger Jahre hatten sich dann die Unterschiede zwischen beiden Straßenseiten verwischt.
In der oberen Heinrichstraße setzten die Traditionalisten unter den Architekten die Gründerzeitbebauung mit mehrgeschossigen Mietshäusern bis zur Heidenreichstraße hin fort. Größtenteils entstanden hier hochherrschaftliche Wohnungen mit fünf bis acht Zimmern, mit eingebauten Bädern und Toiletten sowie mit Erkern und Balkonen zur Straße und zum grünen, stillen Blockinneren hin. Motive aus Mittelalter, Renaissance und Gotik an den Fassaden und in den Treppenhäusern wurden gegen 1900 in Jugendstildekorationen verwandelt.
Heute hat sich die Bedeutung der Heinrichstraße trotz des beibehaltenen Alleencharakters wesentlich geändert. Sie ist zu einem der wichtigsten Darmstädter Ostwest-Verkehrswege geworden, an der Nieder-Ramstädter- und Wienerstraße eine auf mehrere Fahrspuren aufgeweitete Straßenkreuzung. Auch sind fast sämtliche alten Wohngebäude durch Kriegseinwirkung verschwunden und überwiegend durch eine Bebauung mit drei- und viergeschossigen Wohnblocks ersetzt, zwischen denen der Baumbestand allmählich zu neuer parkartig begrünter Fläche zusammenwächst.

Martinsstraße

Wer heute durch viele Darmstädter Straßen geht, hat kaum eine Vorstellung davon, wie einst ihre Bebauung ausgesehen hat. Besonders in den östlichen und südlichen Wohnvierteln der Innenstadt ist der Zusammenhang der Vorkriegsbebauung nicht mehr gegeben; nur einzelne Gebäude überdauerten den Krieg und das meist in stark entstellter Gestalt. Gerade im Bereich der Martinsstraße häufen sich die typisch Darmstädter Palastarchitekturen, eine romantischer aufgefaßt als die andere, ein ungeheurer Aufwand an finanziellen Mitteln und des Architekten an dekorativem Ideenreichtum. Von der ganzen Pracht blieb nach dem Kriegsbrand fast nichts übrig. Deshalb ahnt derjenige, der heute die allenthalben vorherrschenden Kastenbauweisen im Miet- und Eigentums-Wohnungsbau vor Augen hat, nur wenig von der einstmaligen Wohnkultur. Dennoch bestanden über alle Mannigfaltigkeit in den Haus- und Wohntypen gewisse Ähnlichkeiten, die es erlaubten, von einem der Wilhelminischen Ära entsprechenden Zeitstil zu sprechen und ihn obendrein nach einzelnen Städten oder Stadtgruppierungen zu differenzieren. So verwendeten die Darmstädter neben Granit und Diorit gern Buntsandstein oder einen hellbräunlichen Ziegel, wie er auch an fast allen älteren Schulbauten Hechlers, an den wilhelminischen Kasernen und an den ersten Gebäuden des Arbeiterbauvereins in der Feldbergstraße vorkam. Den Darmstädter Fassaden ähnlich waren solche in Aschaffenburg, Heidelberg und Worms, vereinzelt auch in Mainz oder Mannheim. Dagegen baute man in Frankfurt und Offenbach andere Haustypen. Nur im Lautze-Eck in der Rheinstraße hatte man die Palastarchitektur der Frankfurter Kaiserstraße kopiert.

Inzwischen waren durch die Kunstausstellung auf der Mathildenhöhe neue Akzente gesetzt. Auch fiel die Gartenstadtidee bei den Darmstädtern auf fruchtbaren Boden.

Im Darmstädter Westen begann der Bau einer Eisenbahnersiedlung, der Waldkolonie, der bald weitere Wohnanlagen, wenn auch nur in Ansätzen, folgen sollten, z. B. an der Windmühle und hinter der Firma Merck in der Frankfurter Straße. In Darmstadts Osten und Südosten plante man vornehme Landhausviertel, unter denen das an der Pauluskirche und die Gartenstadt am Hohlen Weg größere Beachtung verdienen. Für das Paulusviertel legte Friedrich Pützer und für die Gartenstadt am Hohlen Weg Joseph Maria Olbrich Pläne vor. Beide waren stark von der Gartenstadtidee geprägt; viele Straßen waren als Alleen mit verschiedenen Baumarten wie Ahorn, Birke, Erle, Linde oder Platane vorgesehen. Im Paulusviertel wur-

de schon vor dem Ersten Weltkrieg ziemlich gebaut; am Hohlen Weg setzte das Bauen erst danach richtig ein, dies nach einer Überplanung durch August Buxbaum, dessen Haus auch eines der ältesten dieses Gebiets ist.

Paulusplatz mit Pauluskirche

Mehrfach plante Friedrich Pützer den Mittelpunkt des Paulusviertels, den Paulusplatz, um. Übrigens hieß dieses Wohngebiet bei den Darmstädtern das Tintenviertel wegen der hier überwiegend wohnenden Hochschulprofessoren und höheren Beamten. Die heutige Platzgestaltung stammt von Friedrich Pützer, Paul Meissner und August Buxbaum. Von den monumentalen Baugruppen, die den Platz umsäumen sollten, sind nur die der Pützerschen Pauluskirche mit dem Pfarrhaus und der Küsterwohnung 1905–07 und die der Meissnerschen Landes- und Hypothekenbank 1906–07 erbaut worden. Im Bankgebäude befindet sich heute die Verwaltung der Evangelischen Landeskirche in Hessen und Nassau. Treppen, Terrassen, Brunnen und ein Wasserbassin verschönern die Platzanlage. Von der Pforte der Pauluskirche grüßt ein Christusrelief des Darmstädter Bildhauers Robert Cauer in die Grünanlage hinein. Die im Süden des Platzes unterbliebene Bebauung öffnet ihn zur Landschaft, zur Ludwigshöhe hin. Nach der Kriegszerstörung wurden beide Baugruppen in ihrer äußeren Erscheinung wiederaufgebaut.

Kyritzschule und Mornewegschule

Was ist eine Stadt ohne ausreichende Infrastruktur wert? Mit der landschaftlichen Lage allein kann sie ebenso wenig existieren wie mit der ausschließlichen Erschließung im Tiefbau, im Verkehrs- sowie im Versorgungs- und Entsorgungswesen. Nicht minder wichtig sind die vielfältigsten Bildungs- und Sozialeinrichtungen sowie die Spiel-, Sport- und Freizeitanlagen. Das war in früherer autoloser Zeit noch wesentlicher als heute. Die Stadt Darmstadt hatte das rechtzeitig erkannt und auf allen Bereichen der Infrastruktur bis zum Zweiten Weltkrieg Vorbildliches geleistet. Ihr Wohnwert war daher wesentlich bestimmt einerseits durch ihre Lage zu großen Nachbarstädten und durch ihre landschaftlichen Reize und andererseits durch eine hervorragend ausgebaute und dem Einwohner- und Erkenntnisstand jeweils entsprechende Infrastruktur. Mit dem Ausbau begonnen wurde bereits im Anfang des 19. Jahrhunderts; bis zum Zweiten Weltkrieg war Darmstadt eine infrastrukturell hochwertig ausgestattete und, besonders für das Umland, äußerst attraktive Stadt.

Städtisches Zentralbad am Merckplatz und Hauptbau des Elisabethenstifts an der Landgraf-Georg-Straße

Der Ausbau einer städtischen Infrastruktur begann in den meisten deutschen Städten im 19. Jahrhundert. Zunächst verbesserte man das Schul- und Hospitalwesen. Auch heute würde man sicherlich, gründete man eine neue Stadt, zuerst mit dem Aufbau eines Bildungs- und des Sozialwesens anfangen.
Darmstadt hatte bei Beginn des 19. Jahrhunderts seine Grund-, Mädchen- und Armenschule, ein Waisenhaus und das Pädagog. Mit der Errichtung der Ballonschule durch Franz Heger 1823 setzte der Ausbau des Darmstädter Schulwesens ein. Kurz nach dem Ersten Weltkrieg besaß die Darmstädter Innenstadt, ohne die später eingemeindeten Vororte, folgende Schulen: 8 Volksschulen, 2 Mittelschulen für Knaben, 1 Mittelschule für Mädchen, 1 humanistisches Gymnasium und 1 Realgymnasium für Jungen, 2 Oberrealschulen für Jungen, 2 Höhere Schulen für Mädchen, die Alice-Eleonoren-Schule für Frauen sowie Berufs-, Fortbildungs- und Fachschulen, darunter die Landesmusikschule, und ein Volksbildungswerk. An der Spitze des Schulwesens standen die Baugewerkschule und die Technische Hochschule. An zwei Stellen der Stadt konzentrierten sich die Schulen. Als ältere Schulinsel galt in Darmstadt das Gebiet am Kapell-

platz mit dem Ludwig-Georgs-Gymnasium, dem Realgymnasium und der Ludwigs-Oberrealschule. Das Neue Gymnasium, die Liebig-Oberrealschule, die Eleonorenschule und die Diesterwegschule bildeten die neue Schulinsel an der Lagerhausstraße im Johannesviertel.
Ähnlich vielseitig entwickelte sich das Hospitalwesen in Darmstadt; 1805 entstand das Städtische Hospital in der Grafenstraße, das um die Jahrhundertwende wesentlich erweitert wurde. Bis zum Ersten Weltkrieg waren das Elisabethenstift sowie das Alice- und Herz-Jesu-Krankenhaus, die spätere Frauenklinik, dazugekommen. Den neuen Trakt des Stifts bauten 1928–29 die Architekten Markwort und Seibert. Fast gleichzeitig, nämlich 1929–30, entstand das Marienhospital in Bessungen. Elemente des Dessauer Bauhauses stecken in den halbrunden Erkern an den Gebäudeecken und im Mittelbau des Stifts, der durch Balkone und eine mit einem Kreuz endende Laterne herausgehoben ist. 1977 wurde der Westerker durch die Erweiterung des Untersuchungs- und Behandlungstraktes abgebrochen und zugebaut.
Das Städtische Zentralbad hat August Buxbaum 1907–09 errichtet. Obwohl er bei einem Wettbewerb keinen Preis gewann, wurde ihm der Bauauftrag übertragen. Im Hallenbad mischen sich Jugendstilelemente mit neuer Sachlichkeit. Heute ist das wiederaufgebaute Hallenbad immer noch ohne richtiges Dach und Turmbekrönung, also ein Torso, was die Fassade betrifft.

Ludwigshöhturm

Noch vor wenigen Jahren hatte eine Architektengruppe den Abbruch des Ludwigshöhturms beantragt. Man träumte von einem großen Hotelneubau auf der Anhöhe. Nur eine aus der Bessunger SPD herausgebildete ›Bürgeraktion Ludwigshöhe‹ unter dem Vorsitzenden Ernst Bickel hat, meist durch Selbsthilfe, den Turm vor weiterem Verfall gerettet und im Verein mit der Darmstädter Forstverwaltung das Gelände zu seinen Füßen wieder als Freizeitraum nutzbar gemacht. Deshalb sprechen viele Bessunger heute vom ›Bickelskopf‹. Inzwischen baut hier oben auch der Verein Volkssternwarte, dies überwiegend in Eigenhilfe, sein Aktionsgebäude.
1838 war das erste Gasthaus auf der Ludwigshöhe eröffnet worden. 1882 stiftete der Kaufmann Wilhelm Schwab, der ungenannt sein wollte, den markanten Aussichtsturm aus Darmstädter Ziegelstein. Um die Jahrhundertwende folgte das im Jugendstil gehaltene, beliebte Restaurant mit einer Terrasse, von der aus man die Stadt überblicken konnte, das 1944 völlig zerstört wurde.

Oberwaldhaus am Steinbrücker Teich

Neben der Ludwigshöhe, dem Heiligkreuzberg und dem Jagdschloß Kranichstein kristallisierte sich seit dem Straßenbahnausbau bis zum Steinbrücker Teich das dort gelegene, in den Jahren 1901 von dem Architekten Frenay-Kling gebaute Oberwaldhaus als eines der Hauptausflugsziele der Darmstädter heraus. Im Krieg verschont geblieben, drohte es – nach vorübergehender Nachkriegsnutzung als Flüchtlingsheim – zu verfallen. Sowohl den Aktivitäten aus der Stadtbauverwaltung als auch der Bürgerinitiative ›Kuratorium für Freizeit und Erholung im Verkehrsverein Darmstadt‹ unter dem Vorsitz von Reinhold Staudt verdanken Oberwaldhaus und das Freizeitgelände am Steinbrücker Teich ihre erfolgreiche Wiederbelebung. Diese ist so gut gelungen, daß heute ein Bürgerfest am Oberwaldhaus Hunderte von Darmstädtern auf die Beine bringt.

Darin zeigt sich, daß Bürgerinitiativen wesentlich zu einer Stadt gehören, in der Demokratie praktiziert wird! Daß Initiativen nicht nur gegen etwas zu sein brauchen, sondern auch für etwas sein können, so wie es einige in Darmstadt beweisen! Zur Förderung des Großen Woogs hat sich beispielsweise eine solche Bürgerinitiative gebildet. Zu den überparteilichen Initiativen gehört auch die seit der letzten Jahrhundertwende bestehende, das Heimatgut bewahrende und zu positiven Aktionen für die Stadt jederzeit bereite ›Alt-Darmstadt-Vereinigung‹ und die Bürgeraktion ›Schützt Darmstadt‹. Erst sie machen es – vielleicht so ein wenig wie ein öffentliches Gewissen – möglich, daß man von den Darmstädter Politikern und Planern so sprechen kann, wie Paul Girkon über den ersten Oberbaudirektor nach dem Zweiten Weltkrieg, über Peter Grund schrieb: Er nutzte die Gelegenheit, die notwendigen städtebaulichen Eingriffe für neue großzügige Entwicklungen zu machen, ohne, wie eine Fülle von Details zeigen, die Charakterprägung der Stadt durch ihre Vergangenheit außer acht zu lassen.

Blick vom Ludwigshöhturm auf die Stadt Darmstadt 1930 und 1981

Wer heute von der Ludwigshöhe nach Norden auf die Stadt Darmstadt herunterblickt und noch das Vorkriegsbild in Erinnerung hat, den sollte ein solcher Anblick nachdenklich stimmen. Wo einst die breite Front des Schlosses, der die Altstadt beherrschende Stadtkirchturm, die Kuppel der St. Ludwigskirche und der schlanke Hochzeitsturm die Stadtansicht bestimmten und sogar noch das Ludwigsmonument vor dem Dach des Kollegiengebäudes auszumachen war, wo überall Bäume mit den Häusern in Höhe und Ausdehnung wetteiferten, ist ein verwirrendes Stadtbild mit einer oft wahllos scheinenden Verteilung von Hochhäusern, Baumassen und Grün getreten. Das Residenzschloß scheint an Höhe reduziert; das Ludwigsmonument ist hinter dem Warenhausklotz des Luisencenters ganz verschwunden, und der Hochzeitsturm wirkt wie der Fahrstuhl eines Hochhausbreies in seinem Rücken. Politiker und Planer sollten mehr in die Landschaft hinausgehen und ihr Stadtprodukt aus der Ferne, mit Abstand betrachten. Sie würden wahrscheinlich über das erschrecken, was sie sich im Laufe der Zeit geleistet haben. Darmstadt ist ein Beispiel, und obendrein noch ein verhältnismäßig gut gelungenes.
Bis tief ins 19. Jahrhundert waren die Städte Individuen! Noch in der Gründerzeit herrschten überwiegend lokalorientierte Architekturideen vor; jede Stadt blieb eben in der Wahl ihres Baumaterials der Transportschwierigkeiten wegen auf die Baustoffe der eigenen oder benachbarten Landschaft angewiesen. Heute kann man mit dem Material scheinbar alles machen und es von weither holen. Damals gab es wenig Bauvorschriften, heute ganze Bücher voll. Damals bildete man letztlich eine bürgerliche Notgemeinschaft; heute hat man – besitzt man Boden oder Kapital – die Chance, jederzeit aus der Stadtgesellschaft auszubrechen, und sei es nur ins Umland.

In der Zeitschrift ›Humanität‹ schrieb 1978 Klaus Borchers: »Am Anfang der Künste steht die Architektur; sobald der Mensch seßhaft wird, benötigt er eine beständige

Behausung... So können wir alles, was die Architektur schafft, als einen Raum bezeichnen, der die Art zu leben und sich zu entfalten bestimmt. Es ist jedenfalls der Mensch, der diesen Lebensraum schafft. Der uns umgebende Raum hat aber nach seiner Erschaffung einen dauernd formenden ganzheitlichen Einfluß auf den Menschen. Er prägt ihn; hier kann sich seine Sensibilität entweder entfalten, oder sie verkümmert.«

Der Mensch hat über sein Funktionieren in der Gesellschaft hinaus ein nach bestimmten Wertvorstellungen ausgerichtetes Leben. Nur im richtigen Lebensraum – und eine jede Stadt sollte das sein – ist eine glückliche Selbstentfaltung des Menschen möglich. Für Darmstadts Stadtlandschaft hatte das bis zum Zweiten Weltkrieg gegolten. Auch nach dem Krieg gab es genügend Versuche, vor allem seitens der Planer, diesen Maximen zum Durchbruch zu verhelfen.

Einen solch hohen Anspruch an den Städtebau muß die völlig anders geartete Wirklichkeit unserer heutigen Stadtentwicklung und Architekturlandschaft stören. In ihnen spiegelt sich unsere Gesellschaft, wird sichtbar, was sie gern verbergen möchte, nämlich ihr Mangel an Voraus- und Überschau sowie Rücksichtnahme, das Bauen aus pluralistisch gewonnenen Zufallsentscheidungen. Unsere Stadträume sind überwiegend auf Nutzeffekt abgestimmt – auch Kommunikation kann dazu herabsinken – und daher kalt, ohne Seele.

Bedenken wir es recht, so haben wir es verlernt, Räume zu gestalten, in denen wir wir selbst sein können, allein und im Miteinander. Wir müssen uns fragen lassen, ob unser Mitmensch nur das ist, was er hat.

Darmstadt hat noch zahlreiche Ecken, wo wir wir selbst und miteinander sein können! Eine recht verstandene Stadtentwicklung und Stadtbaukunst kann wesentlich dazu beitragen, daß wir wieder Ehrfurcht vor dem historisch Gewordenen, vor der Tradition und somit auch vor den Mitbürgern haben, daß wir echte, verständnisbereite Bürgerlichkeit gewinnen. Das Konterfei jeder Stadt sagt über uns mehr aus, als es uns recht ist; gerade der Blick von außen, aus der Ferne, verrät viel, ob wir die richtige Innenschau haben. Mit unserer Mentalität bestimmen auch wir unser Stadtbild mit!

Inhalt

Literaturhinweis

Eine Gesamtdarstellung der Darmstädter Geschichte gibt der zum Jubiläumsjahr 1980 erschienene Band *Darmstadts Geschichte. Fürstenresidenz und Bürgerstadt im Wandel der Jahrhunderte* von F. Battenberg, J. R. Wolf, E. G. Franz und F. Deppert, der auch Quellen und Literatur zur Stadtgeschichte zusammenstellt. Eine breiter angelegte Bibliographie bietet E. Zimmermann, *Darmstadt im Buch. Führer durch das Schrifttum über die Stadt und ihre Bürger* (1975).

Das grundlegende Material zur älteren Baugeschichte der Stadt findet sich in dem zweibändigen Inventar der *Bau- und Kunstdenkmäler der Stadt Darmstadt* von G. Haupt (Text- und Tafelbd. 1952/54), das demnächst neu bearbeitet werden soll. Daten zu den erhaltenen historischen Bauten gibt der Architekturführer *Bauten in Darmstadt* von J. Bredow und J. Cramer (1979).

Reich dokumentierte Beiträge zu den auch baugeschichtlich wichtigsten Phasen der Geschichte Darmstadts liefern die Katalogwerke über die großen historisch-kunstgeschichtlichen Ausstellungen der letzten Jahre: *Ein Dokument deutscher Kunst Darmstadt 1901/1976* (5 Bde. 1976), *Darmstadt in der Zeit des Klassizismus und der Romantik* (1978) und *Darmstadt in der Zeit des Barock und Rokoko* (2 Bde. 1980).

Für die in den Bau- und Kunstdenkmälern noch kaum berücksichtigte Bauentwicklung des späteren 19. und frühen 20. Jahrhunderts sind die von E. Stein edierte Stadt-Monographie *Darmstadt* (1912) mit einer Studie von W. Diehl *Die Entwicklung des Stadtbildes von Darmstadt (1330–1912)* und die *Festschrift zum 25jährigen Regierungsjubiläum des Großherzogs Ernst Ludwig von Hessen und bei Rhein* (1917) mit W. Glässings Beitrag *Großherzog Ernst Ludwig und das Stadtbild seiner Residenz* heranzuziehen.

Eine erschütternde Dokumentation der Zerstörung im Jahre 1944 gibt K. Schmidts *Die Brandnacht* (1964). Den Wiederaufbau schildern K. W. Reinhold und Schmidt in *Darmstadt schlägt sich durch. Zwanzig Jahre Wiederaufbau* (1968). Ergänzend sei hier auf die Bildbände von Margarete Dierks *Darmstadt so wie es war* (1972) und *Darmstadt 1945 bis heute* (1973) wie auf den von F. Ebner redigierten Band *Das alte Darmstadt vor der Zerstörung* (1965) verwiesen.

Bildquellen

Geoplana Ingenieurbüro, 7142 Marbach 3: Vorsatz, S. 19 o., 19 u., 28 o., 28 u., 29, 39, 85. Sämtliche Luftaufnahmen freigegeben durch Regierungspräsidium Stuttgart Nr. 050/1927.

Foto Kirschner, Stuttgart: Schutzumschlag Rückseite, S. 2, 22, 23, 24, 25, 26/27, 43, 45, 56 o., 57, 73.

J. F. Steinkopf Verlag, Stuttgart: S. 127.

Dr. Werner Zimmer, Darmstadt: Schutzumschlag Vorderseite Nr. 3, S. 20 u., 21, 30 u., 31 u., 32 u., 33 u., 35 u. re., 37, 40 u. li., 40 u. re., 46 o. re., 47 o. re., 49, 51 u., 53, 55 u., 56 u., 58 u., 61 u., 62 u. re., 65, 67, 68 o. re., 69 u., 75 u., 77 o., 77 u., 79, 81, 82 u., 83 u., 87, 88 u., 89 u., 91, 93, 95 u., 97 u., 98 u., 99 u., 100 o., 100 u., 101 o., 101 u., 103, 105, 107 o., 107 u., 109 li., 109 re., 110 u., 111 o., 111 u., 115, 117 o., 117 u., 119 u., 121 o., 121 u., 122 u., 123 u., 124 u.

Staatsarchiv und Stadtarchiv Darmstadt: Schutzumschlag Vorderseite Nr. 1 und 2, Hintersatz, alle übrigen Vorlagen.